대국통大國統
자장율사慈藏律師

그리고
영축산인의 한담閒談

초판 발행 | 2014년 10월 15일
2쇄 발행 | 2015년 03월 20일

지은이   중산 혜남
펴낸이   김윤희
그 림   김은주
디자인   박미진

펴낸곳   도서출판 맑은소리 맑은나라
출판등록   2000년 7월 10일 제 02-01-295호
주소   부산광역시 중구 대청로 126번길 18
전화   (051) 255-0263
팩스   (051) 255-0953
전자우편   puremind-ms@daum.net

값 13,000원
ISBN 978-89-94782-31-7

대국통大國統
자장율사慈藏律師

그리고
영축산인의 한담閒談

맑은소리 맑은나라

머리말

말하기 보다는 듣기를 좋아하고 활동하기보다는 사색을 좋아하는 성격이지만 오랫동안 배우고 가르치는 일을 하다 보니 간혹 글을 써달라는 청탁을 받기도 하였다. 특히 종단 기관지機關誌라고 할 수 있는 불교신문으로부터 청탁을 받았을 때는 나는 보수적이고 시사성이 없으며 글재주가 없으니 젊고 문제의식이 있는 젊은 사람을 추천하였으나 끝내 사양하지 못하고 옹졸한 소견을 발표한 것이 여러 해였다.

오랫동안 맑고 향기로운 운동을 이끌며 주옥같은 문장으로 독자의 심금을 울리던 법정 큰스님이 임종에 즈음하여 "이제 말빚을 지고 싶지 않으니 나의 모든 저서를 다시는 출판하지 말라"는 유언을 남겨 많은 사람에게 충격을 주었다.

하물며 나의 옹졸한 소견과 주장은 어쩌면 그때 그말은 그 시점에서 나의 소견일 뿐 지금의 나의 생각은 바뀌었을지도 모르는 일임으로 모두 잊으려고 하였다. 그러나 맑은소리 맑은나라의 김윤희 사장님이 "스님의 글을 좋아하는 사람이 많다"라는 말씀에 '미치광이의 지껄이는 말속에도 성인이 취할 것이 있다' 는 이좌거李左車 말을 기억하고 '나의 옹졸한 소견이 누군가에게 도움이 된다면 인연에 따르리라' 하는 생각이 들어 "그렇다면 사장님의 뜻대로 하세요" 라고 승낙하였다.

따라서 이 책에 좋은 점이 있다면 맑은소리 맑은나라 김윤희 사장님의 덕택이다. 아울러 삽화를 그려주신 김은주님을 비롯한 맑은소리 맑은나라의 임직원 여러분께 감사하는 바이다.

갑오년 해제 전날 통도사 **전계사 혜남**

차 례

대국통 大國統
자장율사 慈藏律師

영축산인의 한담開談

붓다는 결코 진리를 말한 적이 없다.
붓다는 누구나 진리를 스스로 깨달아야 한다는 사실을 알고 있기 때문이다.

라마카라 수트라

대국통大國統

자장율사慈藏律師

▶ 개산조당

통도사
通度寺

나라의 큰 절이며 불교집안의 종가

통도사라는 절 이름의 유래는 여러 가지 이야기가 있는데 첫째는 통도사가 자리한 뒷산이 인도의 영축산과 통함으로 절 이름을 통도사라 하고 산 이름을 영축산靈鷲山이라고 하였다. 혹은 인도의 영축산과 같이 신령스러운 독수리가 머물고 있다 하여 축서산鷲栖山이라고도 한다.

둘째는 승려가 되려는 사람을 통틀어서 이곳 통도사 금강계단에서 득도시킨다는 뜻으로 통도사라고 한다.

셋째는 온갖 법을 통달하여 모든 중생을 제도한다는 뜻으로 통도사라고 한다.

이 통도사는 현재 해인사, 송광사와 함께 삼보 사찰의 하나로서 일주문에 '나라의 큰 절이고 부처님의 종가' 라고 적혀 있듯이 지금도 이 나라를 대표하는 대 사찰이다. 통도사의 사격을 제대로 이해하기 위하여 통도사를 창건한 자장율사의 전기에 대하여 살펴보기로 하겠다.

우선 자장율사와 같은 시대에 활약하였던 도선율사가 지은 〈당고승전〉의 자장전을 옮겨 보기로 하겠다.

자장스님의 세속 성은 김 씨이고 신라 사람이다. 그 선조는 삼한의 후예이다. 중고中古시대에는 진한, 마한, 변한이 그 무리를 이

대국통大國統 자장율사慈藏律師

15

끌고 각각 수장이 있었다. 양공직도梁貢職圖를 살펴보건대 신라라는 나라는 위나라에서는 사노斯盧라 하고 송나라에서는 신라라고 하였으니 본래 동쪽 오랑캐인 진한이라는 나라이다.

자장스님의 아버지는 이름이 무림이니 벼슬이 소판이蘇判異에 이르렀다(원주原註 : 본래 왕족으로서 당나라의 일품에 비견된다). 이미 높은 벼슬에 올라 대중의 존경을 받았다. 다만 한 가지 걱정되는 것은 뒤를 이을 아들이 없어 근심이 쌓여 갔다.

평소에 불도를 우러러 보았으므로 이에 부처님의 가호를 구하여 크게 보시를 하고 마음으로 불법에 빌면서 천부의 관세음보살상을 조성하여 한 아들 낳기를 바랐다. 뒤에 만약에 성장하면 도심을 발해서 모든 중생을 제도하기를 바랐다.

보이지 않은 상서와 드러난 감응이 나타나 꿈에 별이 떨어져 품 안으로 들어오는 것을 보고 임신하여 4월 8일 부처님 오신 날에 탄생하였다. 도를 닦는 스님이나 세속에 사는 일반 백성을 가릴 것 없이 경사로운 일로써 희유한 상서라고 하였다.

나이가 소학을 지나자 재주가 뛰어나 세속 학문인 수학과 역사 등을 두루 열람하였으나 마음이 막막하여 별 재미를 느끼지 못했다. 때마침 두 어버이가 함께 돌아가시자 세상의 부귀영화를 싫어하고 깊이 무상을 체득하여 마침내 공적空寂으로 돌아갔다. 이에 처자와 전원과 집을 희사하여 굶주린 사람을 긍휼히 여기고 또 노인을 공경케 하였다. 그리고 홀몸으로 숲속으로 들어가 낡은 옷과 짚신으로 여생을 마치려 하였다. 드디어 가파른 꼭대기에 올라가서 홀로 선정을 닦되 호랑이나 맹수를 피하지 아니하고 항상 보시하기 어려움을 생각하였다.

때때로 잠이 오고 피곤해지자 드디어 작은 방을 만들어 주위를 가시로 막고 알몸으로서 단정히 앉아서 움직이면 가시에 찔리도록 하고 머리털은 대들보에 달아서 졸리는 것을 피하고자 하였다. 백골관을 닦아서 점점 지혜로워져 가만히 수행하는 힘이 가피로 드러나니 대중의 신망을 얻어 재상의 물망에 올랐다. 왕이 자주 불렀으나 나아가지 않자 왕이 크게 진노하여 조칙으로 산속에 가서 장차 목을 칼로써 베려고 하였다.

자장스님이 말하기를 "내 차라리 계를 지니고 하루를 살다가 죽을지언정 파계하고 백년 살기를 원치 않습니다."라고 하였다. 사자가 그것을 보고 감히 칼로써 베지를 못하고 사실대로 임금께 아뢰었다. 왕이 부끄럽게 생각하고 자장스님의 신심에 감복하여 그를 해방시켜 출가하여 도업을 닦도록 하였다.

자장스님은 또 깊이 숨어서 밖으로 내왕을 끊으니 양식이 궁해져서 죽을 각오로 수행을 했다. 그러자 문득 기이한 새가 과실을 물고 와서 손바닥 위에 놓았다. 새가 자장스님의 손 위에서 함께 먹었다. 끼니때마다 새는 반드시 날아와서 시간을 어기는 일이 없었다. 이러한 행이 비밀한 징후로 감득되어 아는 자가 없었다. 항상 자비한 마음을 품어 중생을 사랑하고 어여삐 여겨 어떠한 방편을 지어야 생사의 고통을 여의게 하겠는가 생각하였다.

드디어 꿈 속에서 두 장부가 나타나 말하기를 "그대가 깊숙이 숨어서 무슨 이익을 바라는가?" 자장스님이 말하기를 "오직 중생을 이익 되게 하기를 원합니다."

이에 자장스님에게 오계를 주어 마치고 말하기를 "이 오계를 가지고 중생을 이익되게 하여라." 또 자장스님에게 고하여 말하기를 "우리들은 도리천으로부터 와서 짐짓 너에게 계를 준 것이다."하고는 허공을 타고 사라졌다. 이에 산을 나오니 한 달 사이에 나라 가운데 남녀가 다 오계를 받았다. 또 깊이 생각하기를 '변방에 태어나서 불법이 넓지 못하니 스스로 눈으로 징험하지 아니하면 받들어 모실 수 없다' 하고 이에 본국의 왕에게 고하여 서쪽으로 크게 교화하는 중국을 관찰하고자 하였다.

정관 12년(638) 문인, 승실 등 10여명을 거느리고 신라를 사직하고 중국의 수도인 장안(지금의 시안)에 이르렀다. 조칙을 내려 위무하고 승광별원에 머물게 하고 두터운 예로써 받들었다. 인물의 왕래가 번화하고 재물이 쌓였다. 그러자 밖에서 도적이 들어 도둑질을 하려하자 마음이 전율하고 스스로 놀라 드디어 돌아와서 허물을 드러내니 문득 그에게 계를 일러 주었다.

또 태어나면서부터 장님인 사람이 자장스님에게 찾아와 참회를 한 뒤에 도리어 눈을 뜨게 되었다. 이러한 상서로운 감응으로 말미암아 자장스님에게 계를 받는 자가 하루에 천명을 헤아렸다.

성품이 고요한데 깃들기를 좋아하여 산속으로 들어가기를 요청하여 종남산 운제사 동쪽 낭떠러지 위에 방을 만들고 거처하였다. 조석으로 사람과 귀신이 계를 받고 귀의하였다. 또 때마침 조그마한 습진이 걸렸는데 계를 받은 귀신이 아픈 곳을 만져주니 드디어 곧 나았다.

3년을 항상 이 산에 있었다. 장차 신라에 돌아가고자 하여 운제사를 사직하고 내려오려 할 때 큰 귀신을 보았는데 그 무리를 헤아릴 수 없었다. 갑옷을 입고 병장기를 가지고 말하기를 "이 금가마를 가지고 자장스님을 영접하려고 합니다." 다시 다른 대신 大神을 보니 그와 다투어 자장스님을 맞이하고자 하는 것을 허락하지 않았다.

자장스님이 추악한 기운이 골짜기에 가득한 것을 보고 곧 승상繩床에 나아가서 결별을 통보하였다. 그 한 제자가 또 귀신에게 맞아서 죽었다가 깨어났다. 자장스님이 곧 모든 의복과 재물을 스님들에게 보시하였다. 또 향기가 몸과 마음에 두루함을 맡았다. 귀신이 자장스님에게 말하기를 "지금 죽지 않으니 80여세를 살 것이라" 하였다. 그러한 일이 있은 뒤에 수도인 장안으로 돌아오자 조칙으로 위문하고 200필의 비단을 하사하여 의복을 짓도록 하는 은혜를 입었다.

정관 17년에 본국인 신라에서 귀환하기를 청하였다. 태종황제에게 아뢰고 귀국의 허가를 받았다. 황제는 자장스님을 궁중으로 모셔 가사 한 벌(일영一領)과 잡채 500단을 하사하고 동궁에서 200단을 하사하였다. 홍복사弘福寺에서 나라를 위하여 대재大齋를 베푸는데 대덕스님들이 다 모였다. 아울러서 여덟 사람을 득도得度(출가하여 승려가 되게 함)시켰다. 또 태상太常(종묘 등의 제사를 맡은 벼슬 이름)에 조칙을 내려 9부에서 공양을 올렸다.
자장스님이 본국 신라에 경책과 불상佛像이 조락凋落하여 온전치 못함으로서 드디어 대장경 1부와 아울러 모든 미묘한 불보살의 상像과 번幡과 화개花蓋와 중생에게 복과 이익이 될 만한 것을 얻어서 갖고 본국으로 돌아왔다.

이미 신라에 도달하자 온 나라의 백성들이 환영하니 일대 불법이 여기에 이르러 크게 일어났다.

왕이 생각하기를 '자장스님은 대국大國에서 우러러 받들었다. 바른 가르침을 널리 가지는 데는 기강을 세워서 다스리지 아니하면 숙청할 수 없다.'고 생각하고 이에 조칙으로 자장스님을 대국통大國統으로 삼아서 왕분사王芬寺(경주의 분황사를 속고승전에서는 왕분사로 표현)에 거주토록 하니 왕분사는 신라의 임금이 지은 절이다. 또 별도로 정원을 쌓고 별도로 열 사람을 득도시켜 항상 자장스님을 모시도록 하였다.

또 궁중으로 청하여 한 여름동안 섭대승론을 강의케 하고, 또 황룡사에서 보살계본을 강의케 하니 7일 7야에 하늘이 감로를 내려 운무가 엉키어 강당을 덮고 사부대중이 감복하고 성망聲望은 더욱 멀리 퍼졌다. 회향하는 날에 이르러 계를 받으려는 사람들이 구름처럼 몰려 왔다. 그것으로 인하여 나쁜 버릇을 고치려고 힘쓰는 자가 열집에 아홉집이었다. 자장스님이 이러한 가운佳運을 만나 더욱 분발하여 갖고 있던 의복과 자산을 아울러 보시하고 오직 두타를 일삼으며 고요한 수행처에서 살기를 즐겼다.

바로 이때는 청구靑丘(중국에서 우리나라를 부를 때 쓰는 말)에 불법이 동쪽으로 온 지가 100년이 되었으나 법에 머물고 계율을 지킴에 있어서 받들어 모시는 것이 모자라는 것이 많았다. 이에 모든 재상으로 더불어 상의하여 기강을 바르게 할 것을 논의하였다. 이때에 왕과 신하들이 모두 의논하여 결론을 얻은 것이 일체 불법에는 모름지기 규율과 법이 있어야 하는데 아울러서 승통僧統에게 맡기자고 하였다.

자장스님이 승니僧尼 오부五部로 하여금 각각 옛날부터 익히던 좋은 습속習俗을 더하고 나쁜 폐습은 고치게 하며, 다시 강관綱管(주관하여 규율을 바로잡는 관리)을 두어 감찰하고 유지케 하며 보름마다 계를 설하여 계율에 의지하여 업장을 참회하도록 하고, 봄과 겨울에 총괄적으로 시험하야 계율을 지니고 범함을 알게 하였다.

또 순사巡使를 두어 모든 절을 두루 돌면서 설법하여 경계하고 격려하며 불상을 장엄하게 모시고 착한 업을 짓도록 함을 항상 실행하였다. 이로 의지해 말한다면 호법보살이란 바로 이 사람이다. 또 별도로 사탑 10여 소를 지었는데 매양 한 절을 세울 때 마다 온 나라가 함께 숭상하였다.

자장스님이 이에 발원해 말하기를 "만약에 지은 절이 영험이 있을 것 같으면 기이한 모습이 나타나기를 바랍니다."라고 발원하니, 문득 발건鉢巾과 발우 속에 사리가 있음을 감득하였다. 대중이 크게 기뻐서 흐느끼며 시주한 물건이 산과 같이 쌓였다.

문득 계를 받고 착한 일을 하는 사람이 날로 늘어났다. 또 세속의 풍속과 관습과 복장이 중국과 다른 점이 있다 하여 이것을 고쳐야 한다고 하였으며, 당唐의 정삭正朔(황제가 제후에게 내려주는 달력과 정령政令을 말함)을 숭배케 하였으니 뜻에 어찌 두 마음이 있었겠는가.

사事로서 상양商量하건데 온 나라가 이를 완수하려 하여 변방의 복장을 고치고 한결같이 당나라의 의제儀制에 따랐다.

그러한 까닭으로 매년 조회의 모임에 신라의 위치가 여러 제후의 나라 가운데 상석을 차지하였다. 관리를 임명하고 좌천시킴에도 아울러 중국과 같이 하였다.

사事에 의거하여 헤아린다면 고금을 통하여 그 예를 찾기 어렵다. 모든 경과 계의 소 10여 권을 짓고 관행법 1권을 지어 저 나라에서 크게 유통하였다.

위의 당고승전을 저술한 도선道宣율사(596~667)는 혜군慧顒율사

대국통大國統 자장율사慈藏律師

23

를 은사로 출가하여 지수智首(567~635)율사로부터 율학을 한번 두루 배우고 좌선수행을 하려다 혜군율사로부터 심한 꾸지람을 듣고, 율장을 20번이나 열람하고 사분율행사초라는 해설서를 지어 법려法礪(569~635)율사 등으로부터 교정을 받고 다듬기를 3년이나 하면서 발표한 이후 계율 관계의 많은 저술을 남기고, 계단 도경을 지어 정업사에 계단을 세우는 한편 당시 문제가 되었던 사문이 세속 사람에게 예배할 것인가의 문제에 대하여 현장玄奘 스님과 함께 스님과 도사는 세속의 임금이나 부모를 예배하지 않아도 된다는 점을 상소하여 사문은 군왕에게 예배하지 않아도 좋다는 재가를 얻었다.

그는 위에서 말한 당고승전(양梁의 승우僧祐 스님의 고승전을 이어서 저술하였다는 뜻으로 속고승전續高僧傳이라고도 함), 집고금불도논형, 광홍명집과 같은 유교, 도교와 불교의 논쟁에 관한 기록도 많이 저술한 사학자史學者이며 호법護法승려이기도 하다. 그의 행적은 양梁의 승우僧祐율사와 닮은 점이 너무 많아 승우율사의 환생이라고 말해진다.

이와 같이 도선율사가 자장에 대하여 길게 기록한 다음에, '신라인으로서 먼저 입당入唐한 원승圓勝이라는 스님이 두루 설법장을 돌며 법문을 듣고 계율을 지니며 마음을 밝히고 정定을 익혀 불법을 보호함으로써 마음에 새기다가 자장스님과 함께 본국으로 돌아가서 수행의 길을 크게 열고 율부를 강의하였다'고 기술한 다음, 옛날에는 동번東蕃에서 서쪽으로 유학하는 자가 경술經術을 듣는 사람은 많았지만 계율을 실천한 자가 없었는데, 지금은 신라는 삼학을 갖추었으니 이와 같이 자장스님과 원승스님의 활동에 의하여 중화中華는 혼탁하였으나 변방인 신라는 깨끗함을 여기에서 증험한다고 특히 우호적으로 기술하고 있다.

― 통
　도
　사

대
웅
전

통도사는 현재 해인사, 송광사와 함께 삼보 사찰의 하나로서
일주문에 '나라의 큰 절이고 부처님의 종가' 라고 적혀 있듯이
지금도 이 나라를 대표하는 대 사찰이다.

대국통 자장율사

별이 품속으로 들어오는 것을 …

자장율사라고 하면 으레 머리에 떠오르는 것은 '율사' '대국통' 등 매우 엄격한 승려로서 교단의 기강을 바로잡은 스님으로 알려졌다. 그는 국내에서도 유명하지만, 실제로 당나라에 가서도 수많은 사람을 교화하여 당태종의 존경을 받았고, 귀국한 다음에는 황룡사黃龍寺에 구층탑을 세우고 통도사를 창건하고 금강계단을 설립하여 호국, 호법에 노력하여 승단 내부로는 교단을 정비하고 승규를 쇄신하여 승니僧尼의 기강을 확립하였다.

그리고 우리나라에서 최초로 대장경 사백함四百函을 당나라 태종으로부터 하사받아 귀국하여 통도사에 봉안함으로써 대승경교와 계율을 크게 천양하였다.

또한 최초로 화엄법회를 열어 화엄의 도리를 천양한 해동화엄의 초조라고도 불리는 고승으로 다방면에 걸쳐서 혁혁한 업적을 남겼을 뿐만 아니라 대국통大國統으로 국정에 자문 역할까지 하신 걸승이다. 그래서 이 분의 호칭도 대국통으로 계실 때는 국통 혹은 대국통 또는 승통僧統으로 불리고, 시간이 흐르면서 법사로 불리다가 후대로 가면서 율사로 불렸던 것으로 사료된다.

대국통의 전기를 연구하면서 근본자료라고 할 수 있는 것은 위에서 말한 것처럼 대국통과 거의 같은 시대를 산 당唐 도선道宣의

『속고승전』 24권에 수록한 『자장전』과 같은 책 제15의 『법상전法常傳』, 도세道世의 『법원주림法苑珠林』 그리고 고려의 일연一然 스님이 지은 『삼국유사三國遺事』와 김부식金富軾이 지은 『삼국사기三國史記』 그리고 최근에 학계에 알려진 『신라황룡사구층목탑찰주본기新羅黃龍寺九層木塔刹柱本記』와 자장 스님이 창건한 절의 사적기 등이 있으나 훨씬 후대에 지은 것이 대부분이고, 중국에도 『육학승전六學僧傳』신승전神僧傳과 편년체編年體의 여러 사서史書등이 있으나 대체로 『당전唐傳』을 요약한 정도이다.

자타가 공인하는 바와 같이 역사적인 자료는 고대의 것일수록 순박하고 꾸밈이 적음으로 자료가치가 높다. 그렇다면 이제 대국통을 연구하면서 거의 동시대를 살고 간 도선스님의 『당전』 권제24에 수록한 『자장전』과 같은 책 권제15의 『법상전』 그리고 도세스님의 『법원주림』과 고려의 일연스님이 지은 『삼국유사』가 제1의 자료가 될 것이다.

도선은 서기 502년부터 645년까지의 144년 간의 고승의 사적事蹟을 기록한 『당전』 30권을 지었는데 『고승전高僧傳』에 없었던 『호법護法』이라는 한 편을 신설하고 있는데, 이 호법에서 그는 『당신라국대승통석자장전唐新羅國大僧統釋慈藏傳』을 싣고 있다. 『당전』이 일차적으로 출판된 것은 당나라 태종의 정관 19년(645)이니 대국통이 중국에서 돌아온 지 2년 후의 일이다.

그러나 사실은 이후에 약 20년 간에 걸쳐서 보수작업을 한 작품이다. 한 가지 참고로 알아두어야 할 것은 주로 유교, 도교와의 논쟁을 다룬 『홍명집弘明集』14권卷을 지은 양梁나라 승우僧祐스님의 후신이라고 불리는 도선스님은 호법을 중시하여 위의 『홍명집弘明集』을 더 넓혔다는 뜻의 『광홍명집廣弘明集』 30권을 지을 정도로 호법을 위하여 노력한 고승을 특히 높이 현창하고 있다. 이러한 측면에서 본다면 신라의 귀족으로 당나라에 유학한 대국통을 호법보살護法菩薩로 다룬 것은 대국통에 대한 호의라고 보아야 할 것이고, 도선스님도 또한 호법을 위하여 노력한 스님으로 대국통과 닮은 점이 많다.

가계家系와
출생出生

대국통의 출생에 대하여 『당전』은 '자장스님 아버지의 이름은 무림武林이고 벼슬은 소판이蘇判異에 이르렀다. (원주原註 : 본래 왕족으로서 당의 일품에 해당한다)' 고 하고, 이어서 그가 높은 벼슬을 받게 되자 나라의 중요사업에 대한 계획과 중요한 회의의 결론에 대해서는 그의 판단을 기다리게 되었다. 그러나 그에게는 뒤를 이을 자손이 없으므로 늘 깊은 근심에 잠겨 있었다.

그는 평소 불교의 진리를 우러러 보았기에 마침내 부처님의 가호를 구하여 널리 스님들을 초청하고 크게 재물을 희사하면서 마음으로부터 불법에 기원을 드리고 아울러 천부千部의 관음상을 조성하여 자식 하나 낳기만을 바랐다. 그리하여 훗날 아이가 성장하면 '도심을 발하여 모든 중생을 제도하기를' 발원하였다.
그 후 눈에 보이지 않은 상서가 뚜렷하게 응답하여 별이 떨어져 품속에 들어오는 꿈을 꾸고 나서 곧 임신하게 되었는데 4월 8일

태어났다. 좋은 날이라 스님들도 재가자도 경하하는 마음을 머금
게 되었고 희유한 상서라고 하였다.

이상 자장 대국통의 가계와 출생에 대한 기록은 『당전』과 『삼국
유사』가 비슷하다. 다만, 여기서 '소판이蘇判異'라고 한 것은 『삼
국유사』권제3의 『자장스님이 계율을 제정하다慈藏定律』에서는
"대덕 자장은 김씨니 본시 진한의 진골인 소판蘇判"이라 하고 그
원래의 주석原註에 "삼급의 벼슬 이름三級爵名"이라고 하였다. 아
마도 『당전』의 '이異'는 잘못 쓰인 듯하다. 『당전』에서는 '일품'
이라고 한 것은 신하로서 최고의 지위에 올랐다는 뜻이고, 『삼국
유사』에 "삼급의 벼슬 이름三級爵名"이라고 한 것은 일급과 이급
은 왕과 왕비, 태자의 몫이고 신하로서 오를 수 있는 최고의 지위
는 삼급이라고 보아야 할 것이다.

대국통이 4월 8일 태어난 것에 대하여 『삼국유사』에서는 '석존
과 같은 날 태어났으므로 '선종랑'이라고 불렀다.'고 하였다. 어
떤 학자는 이것을 두고 "자장의 생일은 석가를 의식하고 부회附
會한 것 같다."라고 말하기도 한다.
참고로 『송고승전』권제24에 의하면 '당의 도선도 명문 출신으
로 그 어머니가 달이 품속으로 들어오는 것을 꿈꾸고 4월 8일 태

어났다.'고 하였다.

『당전』권15의 『법상전』에는 '신라왕자 김자장新羅王子 金慈藏' 이라는 기록이 있고, 민지閔漬의 기록에는 '자장이 무림武林의 둘째 아들이며 선덕왕의 친족' 이라 하고, 『두타산삼화사사적』에는 '신라의 왕손' 으로 나오지만 왕족과 가까웠을 뿐인 것 같다.

그런데 한 가지 이상한 것은 두 기록이 다 함께 대국통의 태어난 달生月과 태어난 날生日은 상세하게 기록하면서 생몰연대에 대해서는 아무런 기록이 없다는 점이다.

생몰연대生沒年代에
대하여

대국통의 생몰연대에 대해서는 아직 직접적으로 언급한 자료가 없고 간접적으로나마 연대를 언급한 것은 고려 충렬왕 33년, 즉 대덕 십일 년(1307)에 민지가 지은 『오대산월정사사적봉안사리개건사암제일조사전기』(이하 『오대산전기』라 함)에 〈선덕왕이 자장스님이 걸출하다는 말을 듣고 상국을 삼으려 하였으나 자장스님은 뜻을 굳게 하여 듣지 않았다.

왕이 크게 진노하여 사자에게 칼을 주면서 말하길 "이번에도 듣지 않으면 머리를 베어 오라."고 하였다. 조사께서 머리를 내밀어 사자에게 주면서 말하길 "파계하고 사는 것이 계를 지키고 죽는 것만 못하다."라고 하였는데, 조금도 두려워하는 기색이 없었다. 왕에게 아뢰니 왕이 그 굳은 뜻을 장하게 여겨 출가를 허락하니 그때 조사의 나이가 25세였다.〉라는 기록이 있을 뿐이다. 따라서 이 『오대산전』을 어떻게 볼 것인가에 따라 자장의 생년을 짐작할 수 있을 것이다.

이제 이 자료를 중심으로 자장의 생몰연대를 고찰하여 보기로 하겠다. 먼저 아직 이 전기를 보지 못하였거나 보고도 무시한 듯한 김위석은 590년경~658년경으로 보았고, 정병삼은 590년경~654년경으로 보았으며, 안계현은 자장스님과 명랑스님의 숙질 관계를 고려하여 당으로부터 귀국할 당시의 나이가 50세가 넘었을 것으로 추정하였다. 따라서 남산율종의 창시자인 도선스님(596~667)보다 생년이 앞서는 것으로 보았다.

김두진의 『자장의 문수신앙과 계율』은 '명랑스님은 자장스님 보다 먼저 중국에 들어갔다. 즉 그는 선덕왕 원년에 입당하여 동왕 4년(정관 9년)에 귀국하였다. 이로 보면 생질관계로서 나이를 추측하는 것은 반드시 옳은 것은 아니다.' 라고 주장하였으나 상당히 늦게 입당하였을 것으로 보았고 임봉준 『신라자장법사연구』도 『당전』과 『삼국유사』의 기록으로 보아 50대가 지나서 당나라로 건너간 것으로 보았으니, 결국 590년경 출생으로 본 셈이다.

이에 대하여 최초로 600년대 출생설을 주장한 법운거사 이종익, 『자장율사전』은 '율사의 나이 적어도 25~6세 때에 출가하였을 것이고 30세 전후에 당나라에 들어갔을 것이다.' 라고 하였으니, 636년 혹은 638년 입당한 것이 확실함으로 대략 607로부터 609년 출생으로 간주한 셈이고 김대은의 『자장율사의 호국정신』은 출처를 밝히지 않고 '부인이 꿈에 큰 별이 품속에 떨어지는 것을 보고 잉태하여 열 달 만에 자장율사를 낳으니, 이때가 신라 진평왕 29년'이라고 하였으므로 607년 출생을 주장한 셈이다.

일본인으로서 우리나라의 불교사를 연구한 강전준웅, 『신라의 자장과 오대산』은 자장스님의 입당 연대를 기준으로 삼아 출생과 입적 연대를 607~676(?)년으로 설정하였고, 조명기, 『신라불교의 교학』은 608~677(?)년으로 제시하였으나 전거는 제시하지 않았다.

다만, 위에서 말한 『오대산전기五臺山傳記』를 글자 그대로 믿을 경우 선덕왕(632~646) 재위 때에 25세라면 동왕 5년(636) 혹은 7년(638)에 그가 승려의 신분으로 승실僧實 등 10명의 제자까지 거느리고 입당入唐한 것은 틀림없는 사실이므로, 이보다 몇 년 전에 출가하였다면 적어도 선덕왕 초기에 출가하였다고 볼 수 있을 것이다.

사실 이러한 자료에 근거하여 가령 선덕왕 원년을 자장慈藏스님의 25세歲로 가정한다면 우리나라의 나이 세는 법으로는 632－25＋1=608년이 되고 일본식 나이 세는 법으로는 632－25=607년에 들어맞는 셈이다.

위의 여러 주장을 크게 나누면 590년대 출생설과 600년대 출생설로 대별할 수 있다.

590년대 출생설은 주로 『당전』과 『자장정율』의 기록을 의지하였는데, 두 기록에서 함께 대국통께서 출가할 무렵에 나라에서 재상의 자리에 부름을 받았다거나 『당전』의 저자 도선이 자장법사를 '불법을 보호하는 보살護法菩薩'이라고 부르며 최고의 예우로써 『자장전』을 두었다는 점으로 미루어 도선 보다는 선배일 것이라고 추리할 수 있을 것이다.

반면에 600년대 출생설을 주장하는 것은 위에서 인용한 바와 같이 『오대산전기五臺山傳記』에 25세 때에 왕의 부름을 완강히 거절하였다는 기록이 있고, 오래 전부터 자장스님이 도선스님으로부터 남산율을 전수 받았다는 전승傳承이 있기 때문에 『오대산전기』를 무조건 무시할 수도 없다는 주장이다.

사실 자장스님이 중국에 유학하였을 때는 도선스님의 계율 관계 저서가 성립된 이후이므로 비록 도선스님과 자장스님의 대면 기록이 없더라도 자장스님이 이것을 아니 보았을 리는 없을 것이다. 다만 그 저서를 보았다고 반드시 그 제자였을 것이라고 단정할 수 없을 것이며 도선스님이 자장스님에게 지극한 경의를 표하였다고 해서 반드시 제자가 아니라고 단정할 수도 없을 것이다.

더구나 자장스님은 중국에서는 신라 왕자 혹은 왕손으로서, 당 태종을 비롯한 조정의 유력자와 일반 대중의 지극한 예우를 받던 터이므로 비록 자신보다 연하라 할지라도, 도선스님이 함부로 제자로 취급하여 하대하기 어려운 점도 있었을 것이므로 『오대산전기』의 설을 받아들이고, 한국식 나이 세는 법으로 계산하여 608년 출생으로 볼 수도 있을 것 같다.

더구나 『자장스님이 계율을 정하다慈藏定律』에서 『오대산전기』를 뒷받침할 수 있는 "일찍이 이친二親을 여의고早喪二親"라는 표현이 있으므로 승려가 될 당시의 나이를 25세로 볼 수도 있겠으나, 이것은 아무래도 후세인의 필요에 의하여 나이를 낮추었을 가능성이 많다고 본다.

다른 한편 『당전』, 『자장전』에는 자장스님이 종남산 운제사에서 삼하안거 할 적에 귀신의 무리가 자장스님을 모시러 왔으나 다른 귀신의 도움으로 이 난을 면하게 되자, 신神이 자장스님에게 말하길 "지금 죽지 않았으니 80여 세를 살 것"이라고 말하고, 또 도선스님 및 자장스님과 거의 같은 시대를 산 도세(?~668)스님의 『법원주림』권 제64의 감응록에 실린 『자장전』에는 위의 사실을 기록한 다음에 당나라 고종의 연호인 "영휘년중永徽年中(650~655)에 마치다."라고 하였다.

만약 도세의 말을 믿기로 한다면 영휘의 마지막 해인 655년에서 80세만 역산하여도 576년이 자장스님이 출생한 해가 되어 도선道宣스님(596~667)보다 20년 선배가 된다.

또 우연히도 도선스님이 정업사淨業寺에 계단을 창설한 667년 보다 21년이나 먼저 자장스님이 통도사에 계단戒壇을 창설하였다. 이것도 자장스님이 연장자임을 생각케 한다. 그러나 만약 576년 경에 자장스님이 태어났다면 자장스님이 입당한 해라는 638년은 63세가 되므로 이것도 글자 그대로 믿기 어렵다. 왜냐하면 외국에 유학하기에는 너무 고령이고 660년대의 사실도 기록한 『당전』의 자장전에는 자장스님의 죽음에 대한 기사가 없기 때문이다.

그러나 도세道世스님의 기록도 완전히 무시할 수 없다고 본다. 60세에 유학한다는 것은 어려운 일인 것 같으나, 일본에 계율을 전한 당나라 때의 감진鑑眞스님(688~763)이 천신만고 끝에 65세에 바다를 건넌 일도 있으므로 도세스님의 『법원주림』 권제64의 감응록에 실린 『자장전』의 기록을 따라 576년경의 출생으로 추측하여 볼 수도 있을 것이다.

그러나 자장대국통이 태백산 삼갈반지에서 문수보살을 만나기 위하여 스스로 몸을 버렸다는 『삼국유사』에 전해진 설화와 같이

80이 못 되어 입적하였을 수도 있고, 영휘년永徽年(650~655)에 실제로 졸卒하지 않았더라도 사회적 영향력이 없어지고 일반에게 아무런 소식이 전해지지 아니하여 '졸卒' 이라고 기록할 수도 있었을 것이다. 그것이 문수보살을 만나기 위하여 육신을 버렸다는 설화를 만들었을 수도 있었을 것이다.

또 한 가지 가장 신뢰성이 높은 자료는 『삼국유사』 권제5신주편神呪篇의 명랑신인明朗神印에 나오는 기록이다. 즉 "스승의 이름은 명랑이고 자는 국육國育으로 신라의 사간沙干인 제양才良의 아들이다. 어머니는 남간부인南澗夫人 혹은 법승랑法乘娘으로 소판蘇判 무림茂林의 딸 김씨이니 곧 자장의 누이동생이다. 세 아들이니 맏아들은 국교대덕이고 다음은 의안대덕이고 법사는 막내둥이다"라고 하였는데, 누이동생의 셋째 아들이라면 그 어머니는 적어도 27, 8년은 더할 것이고 대국통은 오빠이니 2, 3년 이상은 나이의 차이가 있을 것이다.

그리고 명랑이 선덕왕 즉위 원년(632) 당나라에 유학하고 있으므로 이때의 나이를 20세로만 보아도 613년경에는 태어났을 것이고 여기서 30년을 빼면 583년 이전이 될 것이다. 그러므로 지금으로서는 확실하게 자장의 생년生年을 설정하기는 매우 어려운 일이지만 580~90년경으로 가정할 수 있을 것 같다.

여기서 자장스님과 같은 시대를 산 도선스님에 대하여 조금 고찰하여 보기로 하겠다. 도선스님은 명문귀족의 출신으로 달(月)이 품속으로 들어오는 것을 꿈꾸고 4월 8일 태어났으며, 계율을 철저하게 지키고 열심히 정진하여 사리가 보배함寶貝函에 나타나는 상서로운 체험을 하였으며, 신인神人이 우물을 파주고 용이 예배를 올리며 하늘 사람이 와서 율상을 말해주고 천신이 호위했다는 등 자장 대국통과 닮은 점이 매우 많다. 도선스님의 선조는 광릉 태수를 지낸 집안이다. 이미 세속적인 가치관을 떨어버린 청정한 율사로서, 당시 많은 저술을 내어 승단의 당당한 위치에 있었으므로 연하의 사람에게 지나친 경어를 사용할 필요가 없었을 것이다.

예를 들면 『당전』 권27에는 자기보다 연하로서 뒷날 정토종의 대성자가 된 선도善導(613~681)에 대하여 '근자에 산승인 선도란 자가 있다(近有山僧善導者).' 라고 표현할 정도이다. 그러므로 도선스님은 자장스님보다 상당히 후배인 것으로 사료된다. 이러한 여러 사정을 감안하여 본인은 대국통의 생몰년을 590년(580년경)~655년으로 가정하여 두기로 한다.

/
어린시절

자장 대국통의 어린 시절에 대해서 『당전唐傳』은 '나이가 소학을
넘어서자 정신의 슬기로움이 맑고 향기로워 보통사람의 생각을
훨씬 뛰어 넘었다. 그는 세상의 돌아가는 이치와 역사 서적도 거
의 모두 섭렵하였으나 마음〔情意〕은 막막하기만 하고 거기에 물들
지 않았다.'고 하였으며, 「자장정율」에서도 '정신과 뜻이 맑고
슬기로워 문장과 사상이 날로 풍부하여졌으나 세상에 물들 뜻이
없었다.'고 거의 동일하게 서술한 것이나, 「오대산전기」에 '본디
부터 정법을 믿었다.'고 한 것이나 위에서 이미 서술한 바와 같
이 그의 아버지가 '평소에 불교의 진리佛理를 믿어 부처님의 가호
를 구하였다.'고 한 것 등으로 보아 그의 어린 시절은 불교를 착
실하게 믿는 집안에 태어나 여타의 사대부 집의 자녀처럼 교육을
받아 정신이 맑고 총명하였으나 세상 일에 물들지 않고 보다 고
상한 것, 즉 불법을 구할 뜻이 있었던 것이 확실하다.

대국통大國統 자장율사慈藏律師

43

출가

자장 대국통의 출가에 대해서 『당전』은 '때마침 양친이 함께 죽자 더욱 세상의 화려함을 싫어하여 깊이 세상이 무상하여 마침내 공적으로 돌아감을 체득하였다. 이에 처자와 집과 전원을 희사하여 추구하는 바를 따라서 나누어주고 혈혈단신이 되자 깊은 숲속으로 들어가 거친 옷과 풀로 만든 신으로 여생을 마치려 하였다.' 고 출가 동기를 양친의 죽음이 원인이라고 하였다.

이에 대하여 「자장정율」도 '일찍이 양친을 잃고 더욱 세상의 번거로움을 싫어하여 처자와 자식을 버리고 전원을 희사하여 원영사를 짓고 깊숙하고 험한 곳에 홀로 있으면서 호랑이와 이리를 피하지 않고 고골관枯骨觀을 닦아 불법의 깊은 뜻을 보려고 하였다.' 라고 거의 같은 내용을 전하고 있으나, '일찍이' 라는 말을 추가하고 원녕사라는 절을 지었다는 것이 『당전』과 다르다.

자장 대국통의 출가한 시기는 '재상宰相의 자리로서 불렀다.' 라는 기록이 있는 것으로 보아 적어도 40은 넘었을 것으로 추측되지만 「오대산전기五臺山傳記」는 '자장스님의 당시 나이 25세 였다.'고 기술하였다. 이것은 여러 학자들이 추리하는 바와 같이 분명히 대국통의 출가 연대를 점점 젊게 보려는 의도로 만든 말로 파악된다. 왜냐하면 어느 정도 불교가 사회적인 힘을 얻게 되면 40이 넘어서 출가한 사람이 승단의 기강을 바로 잡고 계율을 정비하였다고 하면 일반승려의 정서에 맞지 않으므로 전기 작자가 고의로 출가한 나이를 낮추어 잡은 것으로 짐작된다.

사견으로는 대국통이 양친을 잃은 때는 알 수 없지만 그는 상당 기간 고골관을 닦은 것으로 사료되며, 신인 혹은 범승으로부터 오계를 받은 때는 40대 이후로 짐작된다. 그의 출가 동기에 대해서도 함통咸通 13년(872)에 지은 「신라황룡사구층목탑찰주본기新羅皇龍寺九層木塔刹柱本記」에는 '젊었을 때 살생을 좋아하여 매를 놓아 꿩을 잡았더니 어미 꿩이 눈물을 흘리며 울었다. 이에 감격하여 발심 출가하여 도문에 들어왔다.'고 출가 동기를 밝히고 있다. 이는 서로 다른 내용이지만 출가의 동기는 여러 가지 복합적인 요인이 있을 수 있으므로 별로 문제 될 것이 없을 것이다.

대국통大國統 자장율사慈藏律師

자
장
율
사

최초로 화엄법회를 열어 화엄의 도리를 천양한 해동화엄의 초조라고도 불리는 고승으로 다방면에 걸쳐서 혁혁한 업적을 남겼을 뿐만 아니라 대국통으로 국정에 자문 역할까지 하신 걸승이다.

/
국내에서의
수행

위에서 인용한 「오대산전기」는 자장스님이 열심히 수행하여 영축산에서 온 인도 스님〔梵僧〕으로부터 오계를 받은 다음에 왕의 사자와 만난 것으로 되었으나, 『당전』은 드디어 가파른 낭떠러지에 올라 혼자 고요하게 선정을 수행하여 호랑이와 이리를 피하지 아니하고 항상 육신을 버려 법을 구하는 보시를 실천하기 어려움〔難施〕을 생각하였다.

어떤 때에는 잠이 와서 마음이 쇠미하여지자 드디어 작은 방의 주위에 가시를 두르고 알몸으로 바로 앉아 움직이면 육신이 가시에 찔리도록 하고 머리털은 대들보에 매어 혼침을 없애고, 백골관을 닦아 더욱 선정과 지혜를 닦았더니 가만히 수행함이 드러난 가피로 나타났다.

대중의 명망이 높아지자 재상의 자리로서 자주 불렀으나 나아가지 않았다. 왕이 크게 노하여 조칙을 내려 수행하는 곳에 가게 하면서 손수 칼을 내려 이번에도 따르지 않으면 베려 하였다.

자장스님이 말하길 "내 차라리 하루를 계를 가지고 죽을지언정 파계하고 일생을 살고 싶지 않다〔吾寧持戒一日而死 不願一生破戒而生〕." 고 하였다. 사자가 그것을 보고 감히 베지 못하고 왕에게 사실을 보고하니 왕이 부끄럽게 여겨 승복하고 마음껏 수도할 수 있도록 출가를 허락하였다. 이렇게 되자 더욱 깊게 숨어 외부와 내왕을 끊으니 양식이 곤궁하여지고 급기야는 죽기를 각오하였다.

문득 기이한 새가 여러 가지 과일을 물고와 손에 건네 주고 새도 자장스님의 손위에서 같이 먹었다. 식사 때가 되면 언제나 그렇게 하여 조금도 어기는 때가 없었으니 이러한 것은 수행이 현묘한 도에 계합함으로 나타나는 영험을 감득感得한 것이니 그와 짝할 사람은 없었다. 항상 중생을 사랑하고 동정하는 마음으로 근심에 쌓여 무슨 방편으로 생사를 면하게 할 것인가를 생각하였다.

드디어 꿈속에서 두 장부가 나타나 "경卿이 깊숙한 곳에 숨어 어떤 이익을 원하는가?"라고 물었다. 자장스님이 "오직 중생을 이익케 하고자 합니다."라고 말하였다. 이에 자장스님에게 오계五戒를 주고 마치면서 말하길 "이 오계를 가지고 중생을 이익하게 할 수 있을 것"이라고 하였다. 또 자장스님에게 말하기를 "나는 도리천으로부터 와서 일부러 너에게 계를 주는 것"이라 하고 인하여 허공에 올라 사라졌다. 이에 산을 나오니, 한 달 사이에 온 나라의 남녀가 모두 오계를 받았다.

왕의 사자를 물리친 다음에 도리천에서 온 천인으로부터 계를 받았다고 하였으며 『삼국유사』도 위의 『당전』을 정리한 것처럼 일치한다. 다만 도리천이라는 말이 없고 '천인'이라고만 한 것이 다를 뿐이다. 그리고 위의 설화에서 말하는 고골관枯骨觀이라는 것은 사념처관四念處觀의 하나인 부정관不淨觀 가운데 특히 고골관을 중심으로 닦았다는 것을 알 수 있으며 위의 "내 차라리 하루를 계를 가지고 죽을지언정 파계하고 일생을 살고 싶지 않다."라는 구절은 『법구경』에 '만약 사람이 백세를 수壽할지라도 바른 것을 멀리하고 계를 지니지 아니한다면 하루를 살지라도 계를 지니고 뜻을 바르게 하여 선정을 닦는 것만 같지 못하리라〔若人壽百歲 遠正不持戒 不如生一日 守戒正意禪〕.'는 말과 매우 유사한 점으로 미루어 보아 자장스님의 국내 수행은 원시불교의 수행법 내지 지계정신에 투철하였다고 말할 수 있을 것이다.

위에서 살펴 본 바와 같이 대국통이 닦은 고골관 혹은 백골관白骨觀은 부정관의 일종一種임은 틀림없지만, 그 구체적인 수행법은 『열반경涅槃經』의 「성행품聖行品」에 의지하였을 것으로 추측된다. 『열반경涅槃經』의 「성행품聖行品」에는 '보살이 이 몸을 관찰하되 머리로부터 발끝까지 그 속에 오직 머리털, 털, 손톱, 치아, 깨끗하지 못한 때, 피부, 힘줄, 뼈, 오장, 육부, 피, 고름 등을 살펴볼 때 어떤 것이 나며, 나는 어디에 속하며, 나는 어디에 있느냐? 뼈가 나인가? 뼈를 떠난 것이 나인가?'

보살이 이때에 살이나 가죽(바깥 모습) 등을 제거하고 오직 백골을 관하는 법이 구체적으로 설명되어 있으므로 이를 의지하여 수행한 것으로 추리된다.

다시 말하면 그는 원시불교의 정신을 이어받아 『열반경涅槃經』의 수행법을 닦은 것으로 사료된다. 이는 자장스님이 중국에 갔을때 일부러 『열반경涅槃經』을 강의하고 있던 법상法常스님(567~645)을 찾아 그를 섬기고 그로부터 보살계를 받은 것도 좋아하는 경전이 같은 것과 무관하지 않을 것이며, 일본 양충의 『법사찬사기法事讚私記』에 인용된 자장스님의 『아미타경의기阿彌陀經義記』의 『아미타경』에서 말씀하신 '작은 선근의 복덕과 인연으로 저 땅 극락정토極樂淨土에 태어날 수 없다.'는 구절의 '작은 선근'을 자장스님이 '소승의 선근'으로 해석하여 '소승의 선근으로는 왕생할 수 없고 보리심에 의하여 왕생할 수 있다.'고 기술하고 있는 것으로 보아도 자장스님은 소승불교의 수행법인 사념처관의 하나이자 부정관 중에 하나인 백골을 관하였으나 구체적인 내용은 『열반경涅槃經』을 의지하였을 것으로 사료된다.

입당入唐
유학遊學

오대산에서의 수행 (『삼국유사』 「자장정율慈藏定律」을 중심으로)

위에서 살펴 본 바와 같이 자장국통의 탄생설화, 출가동기, 국내
에서의 수행에 대하여 『당전』과 『삼국유사』의 「자장정율」은 거
의 일치한다. 그러나 입당의 시기에 대해서 『당전』은 정관 12년
(638)이라고 하였으나, 우리나라의 『삼국사기』는 정관 10년(636)
에 해당하는 선덕왕 5년의 기록에 '자장법사가 당나라로 들어가
서 불법을 구하였다.'고 말하고 「자장정율」은 '자장스님은 스스
로 변방에 태어남을 탄식하여 서쪽으로 가서 크게 교화하기를 바
라 인평仁平 3년(원주原註 : 즉 정관 10년)에 왕의 조칙을 받들어
문인 승실僧實 등 십여인十餘人과 함께 서쪽으로 당나라에 들어갔
다.'고 말하여 『당전』보다 입당의 시기를 2년 먼저라고 말하고,
이어서 『당전』에는 아무런 언급이 없는 청량산(오대산) 수행에
대하여 말하고 있다.

원문을 인용하면 청량산淸凉山을 참배하였다. 산에는 만수대성曼殊大聖의 소상塑像이 있는데 저 나라에서 서로 전하여 말하기를 '제석천帝釋天이 공인工人(조각사)을 데리고 와서 새겼다'고 하였다. 자장스님은 문수상 앞에서 명감을 빌었다. 상像이 이마를 만지며 범어로 된 게 법게梵偈를 주는 꿈을 꾸었다. 꿈을 깨어 아직도 해석을 못하였는데 아침이 되어 이승이 와서 해석하기를 운운云云(원주原註 : 이미 황룡사에 나옴) 또 말하기를 "비록 만 가지 가르침을 배울지라도 이 글보다 지나는 것이 없다"고 하면서 가사, 사리 등을 부촉하고 사라졌다.(원주原註 : 자장스님이 처음에 숨겼으므로 『당전』에는 싣지 않았다.) 자장스님이 이미 성인의 수기를 받은 줄 알고 이에 북대를 내려와서 태화지에 이르렀다.

이 이야기는 『삼국유사』의 원주에는(원주原註 : 이미 황룡사에 나옴)있지만 어찌된 일인지 현존하는 『삼국유사』의 「황룡사 구층탑」에는 나오지 않고 『삼국유사』 권4 의해의 「대산오만진신」에 나오는 이야기로서 게송의 뜻은 '일체의 법이 자성이 없는 줄 알라. 이와 같이 법성을 알면 곧 노사나를 보리라〔了知一切法 自性無所有 如是解法性 卽見盧舍那〕.'라고 하였다. 이와 관련하여 『삼국유사』 권4 의해의 「대산오만진신臺山五萬眞身」에는 선덕왕 때인 당나라 정관貞觀 10년(원주原註 : 당승전唐僧傳에는 12년이라 하였으나 여

대국통大國統 자장율사慈藏律師

53

기서는 삼국본사를 따른다.)에 당에 건너가 태화지太和池 가의 돌로 된 문수에게 7일 동안 기도하여 꿈속에서 문수보살로부터 게송을 들었으나 뜻을 알 수 없었다.

이튿날 홀연히 어떤 스님이 나타나 게송을 해석하여 주고 붉은 깃에 금점金點이 있는 가사 한 벌과 부처님의 발우와 부처님의 두골頭骨 한 조각을 주면서 잘 호지護持하라고 부촉한 다음, "너의 본국 동북방 명주에 오대산이 있는데, 일만 문수가 항상 거기에 있으니 네가 거기에 가 보아라." 말을 마치고는 사라져 버렸다. 영적을 두루 돌아보고 본국에 돌아올 무렵 태화지의 용이 나타나 7일간 공양을 올리고 말하길 "옛적에 게偈를 전한 노스님이 참된 문수이다."라고 말하며 절을 짓고 탑을 세우라고 부촉하였다.

정관 17년 오대산에 가서 진신을 보려 하였으나 보지 못하고 다시 원영사에 가서 문수를 뵙고 갈반처에 왔으니 곧 지금의 정암사가 이것이다(필자가 생략하여 번역함)고 하였으나 『당전』에는 없는 내용이다. 그리고 입당하여 기도한 곳에 대하여 『삼국유사』권3 의해의 「대산오만진신」에는 '태화지(오대산 중턱에 있음)에서 기도하였다'고 하고, 동권4 「자장정율」에서는 '오대산에서 기도한 것'으로 다르다. 뿐만 아니라 융희 2년(1908)에 강원도 건봉에서 발행한 호계첩에는 종남산 운제사의 문수상 앞에서 기도하였다라는 기록도 있어 입당의 연대와 관련하여 매우 주목되는 부분이다.

위에서 고찰한 바와 같이 입당의 연대에 대해서 『삼국사기』와 『삼국유사』는 정관 10년(636)이라고 하였지만, 『당전』을 비롯하여 우리나라에서 지은 「신라황룡사구층목탑찰주본기」에서 "자장慈藏이 대왕의 즉위 7년 대당의 정관 12년 우리나라 인평仁平 5년 무술년에 우리 사신 신통을 따라 서국에 들어갔다"고 기술하고 「통도사사리가사사적약록通度寺舍利袈裟事蹟略錄」도 "정관 12년에 당에 들어갔다"라 하고, 「오대산전기」 및 「강원도정선군태백산정암사사적」 모두 "선덕왕즉위칠년무술 서부대양" 혹은 "정관 십이년무술입당"이라고 기술하여 『삼국사기』와 『삼국유사』를 제외한 거의 모든 기록이 정관 12년(638) 입당을 기록하고 있으므로 자장국통의 오대산 입산 자체를 의심하는 일부 학자도 있다.

혹은 오대산은 당시 명산으로 잘 알려져 있었고 종남산에서 주로 계율을 연구한 도선스님도 오대산을 참배하고 있었으므로 자장스님 역시 입산한 것은 사실일 것이지만 638년 이후의 일로 보아야 한다는 견해도 있다. 그러나 삼국사기와 삼국유사가 공동으로 선덕여왕 5년(636) 입당을 주장하고 있음으로 처음에는 평범한 승려 자격으로 오대산에서 기도 정진하다가 7년(638)에 장안으로 가면서 자기의 신분을 드러냈을 수도 있다. 현재 불교 신앙적 입장에서는 많은 사람들이 그렇게 믿고 있다.

당경의 승광별원에서

『당전』을 보기로 하겠다. 또 자장스님이 깊이 생각하기를 '태어나 변두리 땅[邊壤]에 있으니 불법이 아직 넓지 못하다. 눈으로 경험하지 않고서는 받들어 모실 길이 없다. 이에 본국의 왕에게 아뢰어 서쪽의 큰 교화를 보려고 정관 12년(638)에 문인인 승실 등 10여인을 거느리고 동쪽을 떠나 당의 서울[京師]에 이르렀다. 〈태종의〉 조칙으로 위무를 받고 승광별원勝光別院에서 두터운 예와 특수한 공양을 받아 인물이 번거롭게 모여들고 재물이 쌓이게 되자 도적이 들었다. 도적이 물건을 가지려는데 마음에 전율이 일고 스스로 놀라 허물을 발로하거늘 그에게 계를 주었다. 생맹 生盲(나면서부터 장님)을 앓는 사람이 자장스님에게 예를 올리고 허물을 참회하자 눈을 뜨게 되었다. 이러한 상응으로 말미암아 그로부터 계를 받는 자가 하루에 천명을 헤아리게 되었다' 라고 처음부터 자장스님이 누구에게 무엇을 배웠다는 말은 한 마디도 없고, 태종의 융숭한 대접을 받고 많은 사람에게 교화활동을 펼

쳤음을 기술하고 있다.

여기에 해당하는 「자장정율」의 기록은 어찌된 이유인지 '당나라 서울인 장안에 들어갔다. 태종이 칙사를 보내 위무하고 은총과 하사품을 자주 두텁게 내렸으나 자장은 그 번거로운 것을 싫어하였다.' 라고 간단하게 기록하여 장안〔長安〕에서의 교화활동은 기록하지 않았다.

다만 「자장정율」에서는 '자장스님은 스스로 변방에 태어남을 탄식하여 서쪽으로 가서 크게 교화하기를 바라' 라고 서술하여 중국에 배우러 간 것이 아니고 보다 넓은 교화활동을 보기 위해서, 혹은 견문을 넓히려고 간 것임을 암시하고 있다. 이것도 깊이 연구하여 보아야 할 것이다.

종남산終南山 운제사雲際寺

자장스님은 번거로운 것을 피하여 이곳 승광별원勝光別院을 떠나 종남산으로 들어가게 되는데, 거기에 대하여 『당전』을 보면 성품이 고요한 곳을 좋아하여 황제에게 아뢰어 산으로 들어가 종남산 운제사 동쪽 낭떠러지 위에 집을 얽어 만들고 거기서 거처하였으나 조석으로 사람과 귀신이 계에 귀의하여 또 모였다. 그때 조금

열병을 앓았는데 계를 받은 신이 만지니 바로 낳았다. 왕환 삼하를 항상 이 산에 있었다.

장차 동번東蕃을 섬기고자 사직하고 운제에 내려오자 큰 귀신이 나타났는데, 그 무리가 수도 없었다. 갑옷을 입고 병장기를 갖고 말하길 '이 금가마〔金輿〕를 갖고 자장스님을 맞이합니다.' 라고 하였다. 다시 다른 대신이 그와 함께 다투어 맞이하려는 것을 거절하였다. 자장스님은 골짜기를 메운 고약한 냄새를 맡고 곧 승상〔繩床〕에 나아가 결별을 통고하였다.

그의 한 제자도 또 귀신에게 맞아 죽었다가 깨어났다. 자장스님이 곧 옷과 재물을 대덕스님들께 보시하였더니 향기가 몸과 마음에 가득함을 맡았다. 신神이 자장스님에게 말하길 '지금 죽지 않았으니 팔십여를 살리라' 라고 하였다.

서울에 들어오자 조칙을 내려 위문하고 비단 이백필을 하사하여 의복을 짓게 하였다고 운제사에서의 경험을 이야기하였으나 「자장정율」은 운제사에 3년 있는 동안에 인신이 계를 받아 영험이 날로 더하였는데, 말이 번잡하여 기재하지 않는다고 간단하게 서술하여 당경과 종남산에서의 자장의 수행과 활동에 대해서는 거의 의도적으로 생략하여 버린 듯하다. 이는 어쩌면 후대의 필요에 의하여 자장스님과 오대산과의 관계를 더욱 부각시키기 위함인지도 모른다.

자장慈藏스님이 중국에서 배운 것

이상 살펴 본 바와 같이 『당전』의 『자장전』과 『자장이 계율을 정하다慈藏定律』를 비롯한 『삼국유사』를 다 살펴보아도 자장스님이 중국에 가서 누구로부터 무엇을 배웠다는 기록은 하나도 없다.

다만 『신라황룡사구층목탑찰주본기新羅皇龍寺九層木塔刹柱本記』에 선덕여왕 12년 계묘세癸卯歲에 자장이 귀국하기에 앞서 남산南山 원향선사圓香禪師를 뵈오니 선사께서 말하기를 "내가 마음을 관함觀心으로서 공公의 나라를 관찰하니 황룡사黃龍寺에 구층탑을 세우면 해동의 모든 나라가 모두 너의 나라에 항복할 것이다."라고 한 것과 『당전』권제15 『법상전法常傳』에 '신라의 왕자 김자장金慈藏스님이 귀한 자리를 가볍게 버리고 세속을 버리고 출가하여 법상스님의 교화를 멀리서 듣고 삼가 우러러 가르침을 받고자 하여, 드디어 산을 넘고 바다를 건너 멀리 경사京師로 오다가 배속에서 법상스님의 안색을 뵙는 꿈을 꾸었다.

실제로 만나 형상形狀을 뵈오니 완연히 꿈속에서 본 것과 같았다. 눈물을 교류交流하여 그 만남會遇을 기뻐하고 인하여 법상스님으로부터 보살계를 받고 예를 다하여 섬겼다.'고 한 것이 전부이다. 원향선사圓香禪師에 대해서는 제대로 전하는 전기 자료가 없어 어떠한 인물인지 알 수 없지만 법상法常(567~645)법사는『당전』제15권에 그 전기를 수록하고 있음으로, 종래 자장스님의 사상을 연구하는 학자들이 이를 근거하여 법상스님을 통하여 자장스님의 사상을 엿보려 하였다.

법상法常(567~645)스님은 어릴 적에 유교의 전적을 섭렵하여 그 대강을 알고 그 번거로움을 싫어하여 19세 때에,『열반경』강의를 듣고 출가하여『열반경』을 주로 강의하는 담연曇延법사에게 나아가 계를 받고 수학受學하였는데 1년도 지나지 않아『열반경』을 강의하자 강의를 들은 스님이나 재가 불자들이 모두 이취理趣를 체득하고 기이한 상서를 입었다.

22세 때에『섭론攝論』이 처음으로 일어나자 새로운 법을 듣게 됨에 따라서 그 넓은 뜻을 우러러서 법상스님은 여러 나라를 유행하면서 여러 스님의 법을 듣고 성실成實 비담毘曇 화엄華嚴 지론地論 등의 같고 다름을 고찰하여 그 잘못을 바로잡고 정법을 펼치기 위하여『열반경소』『섭론의소攝論義疏』등 수많은 소기疏記를 짓고 계행이 청정하여 번역장에 증의證義로도 참석하였다.

정관貞觀 9년(635) 태종황제의 칙명에 의하여 황태자에게 보살계를 내려주고 황후의 계사가 되는 등 황실과 깊은 관계가 있는 사람으로 이러한 인연으로 공관사空觀寺의 상좌上座로 있는 동안에 손님들을 후대하고 불법 홍포에 힘써 그의 법을 들은 사람은 수천 명이 넘었고 외국인도 많이 있었는데 자장스님은 그중에서 특출한 사람이었다. 이 가운데 자장스님에 대한 기록은 '자장스님이 신라의 왕자'라는 것은 잘못된 기록임이 확실하지만 아마 신라에서 온 귀한 사람이란 것이 잘못 전하여졌을 것이다. 나머지는 모두 사실에 근거한 기록일 것이다.

법상스님은 많은 경전을 강의하였지만 특히 『열반경』과 『섭대승론』 등을 많이 강의하였다. 앞에서 언급한 바와 같이 자장스님이 신라에 있을 때에 고골관枯骨觀 혹은 백골관白骨觀을 닦았다고 하였는데 이것도 법상스님이 자주 강의하는 『열반경』의 성행품聖行品에 나오는 내용을 의지하였을 가능성이 많으며 자장스님이 선상에서, 꿈속에서 법상스님을 보았다는 말도 신라에 있을 때부터 법상스님을 그리워하는 마음이 있었다는 증거일 것이다.

또 하나 주목되는 것은 법상스님은 화엄경華嚴經과 지론地論을 공부하였고 화엄종의 지엄(602~68)스님이 법상의 밑에서 수학하였다. 즉 자장스님과는 동문수학한 셈이다. 이와 관련하여 지엄스님이 주석하였던 지상사至相寺를 필자가 방문하였을 때 거주居住

대국통大國統 자장율사慈藏律師
61

하는 승려가 신라왕자대新羅王子臺가 있다고 설명하는 소리를 들었으나 시간에 쫓겨 직접 보지는 못했다. 이러한 사정으로 미루어 보아 자장스님의 화엄학은 법상스님과 지엄스님의 영향을 받았을 것이다. 그렇다면 자장스님의 화엄이 오대산 화엄이라기 보다 오히려 종남산 화엄이라고 볼 수 없을지 재고하여야 할 것이다.

귀국 직전에 다시 장안長安으로

『당전』에 의하면 '정관貞觀 17년 본국에서 돌아오기를 청하여 황제에게 아뢰니 윤허하고 궁중으로 영접하여 납의 한 벌과 갖가지 채색 비단 오백단을 하사하고 동궁이 이백단을 하사하였으며, 홍복사弘福寺에서 나라를 위한 대재大齋를 베풀고 대덕 스님을 모아 8인의 승려를 득도시키고 태상太常(종묘 등에 제사를 맡은 벼슬)에 조칙을 내려 구부九部에서 공양供養을 올리게 하였다.

자장스님이 본조本朝에 경전과 불상이 조락하여 완전하지 못하다고 생각하여 대장경 일부와 묘상과 당번과 화개 등 복리가 될 만한 것을 본국으로 갖고 갔다.' 라고 서술하고 있는데『자장정율』은 '정관 17년 계묘(643)에 신라의 선덕왕이 표문을 올려 자장스님을 돌려보내 줄 것을 청했다. 이에 태종이 허락하고 궁중으로 그를 불러들인 다음 비단 1령과 잡채 5백단을 하사했으며, 또 동궁도 비단 2백단을 내려주고, 그 밖에 많은 물건을 예물로 주었다.

본국에는 아직도 불경과 불상이 구비되지 않았으므로 자장스님은 대장경 1부와 여러 가지 번당, 화개 등에 이르기까지 복리가 될 만한 것을 청해서 돌아왔다.' 라고 서술하여 『당전』의 '납의衲衣 한 벌'을 『자장정율』은 "비단 일영絹一領"이라고 한 것만 다르고 홍복사에서 나라를 위한 대재를 베풀고 공양 올린 일을 생략하였을 뿐 나머지는 완전히 일치한다.

대국통大國統

자장스님은 선덕여왕의 요청으로 귀국하여 절대적인 신망을 받
으며 대국통으로서 눈부시게 활약하게 되는데, 거기에 대하여
『당전』은 '고국에 도달하자 온 나라가 와서 환영하여 일대의 불
법이 크게 일어났다. 왕은, 자장스님이 대국에서 크게 우러러 보
았으며 바른 가르침을 널리 지니고 있으므로 그가 중심이 되어
다스리지 아니하면 숙정할 수 없다고 여기고 자장스님을 대국통
大國統으로 삼고 왕분사王芬寺(분황사를 『당전』에서는 왕분사라고
표기하였음)에 거주토록 하였다.'고 했다.

이 절은 곧 왕이 지은 절이었다. 또 별도로 사원을 건축하고 특
별히 열 사람(十人)을 득도시켜 항상 시중을 들게 하였다. 또 궁중
에 초청하여 한해 여름에 『섭대승론攝大乘論』을 강의하게 하고 마
지막에는 또 황룡사에서 『보살계본菩薩戒本』을 설하였는데, 칠일
칠야 동안 하늘이 감로를 내리고 구름과 안개가 자욱하여 강당을

덮었다. 사부대중이 감탄하고 성망이 더욱 멀리 퍼졌다. 마치는 날에는 그에게 계를 받으려는 사람이 구름처럼 몰려왔다. 이로 인하여 생활을 혁신하는 사람이 열 집에 아홉이었다.

자장스님은 이러한 좋은 시운佳運을 만나자 옛날보다 더욱 용기를 내어 소유하고 있던 옷과 자산을 보시하고 두타를 일삼고 난야에 업業을 모았다. 바로 이 무렵 청구青丘(신라)에 불법을 전한 지 백년이 되었으나 아직 정착하기에는 수행과 부처님을 받드는 법이 모두 모자라는 것이 많았다. 이에 모든 대신들이 기강을 바로잡을 것을 논의하였다. 왕과 신하 상하가 다 의논하여 돌아가는 귀결점은 "일체 불법에는 마땅히 규율이 있어야 한다. 모든 것을 승통에게 맡기자."고 하였다.
자장 대국통이 승니 오부로 하여금 각각 이전부터 익히던 것을 더 열심히 하도록 하고, 다시 강관鋼管(규율을 바로잡는 사람 즉 일종의 승관)을 두어 감찰하여 유지토록 하고, 보름마다 계를 설하여 율律을 의지하여 (업장을) 참회하여 제거하게 하며, 봄과 겨울에 총괄적으로 시험하여, 가지고 범함[持犯]을 알게 하였다. 또 순사를 두어 여러 절을 편력하면서 설법으로 경계하고 격려하며 불상을 장엄하게 꾸미고 중업衆業을 경영하고 다스리기를 제도화하여 상례로 하였다. 이에 의거하여 말한다면 '호법보살이란 바로 이 사람이다.'라고 극찬하였다.

이 부분에 대해서는 『자장정율』도 많이 생략하긴 하였으나 거의
동일하다. 다만 대국통에 대하여 각주에 "북제로부터 당나라에
이르기까지의 중국의 승관제와 자장 대국통까지를 열거한 다음
에 '향전에 자장스님이 입당함에 태종이 식건전에 맞아들이어
『화엄경』 강의를 청하니, 하늘이 감로를 내림에 비로소 국사를
삼았다'고 한 것은 잘못이다. 『당전』과 『국사』에 모두 명문이 없
다."고 하였다.

이것은 일연一然스님의 학문적 비평이라 하겠으나 『삼국유사』의
다른 내용과 견주어 볼 때 이러한 평가는 이외의 기록으로 후대
인으로부터 공감을 받지 못한 것으로 보인다.

그 예로써 훨씬 후대에 성립된 『통도사사리가사사적약록通度寺舍
利袈裟事蹟略錄』에는 '태종황제가 경중敬重하여 예로써 대접하고 조
칙으로 승광원에 머물게 한 다음 제자의 예로써 참하고 스승으로
받들어 모셨다.'고 하고 『정암사사적(목판본)에는 '황제가 식건
전에 영입하여 공경하여 믿고 계를 받아 제자가 되었다.'라고 하
였으며 해인사 호계첩에는 '이에 황제께서 식건전으로 초청하여
계를 받았다.'라고 하였으며 통도사 박물관에 보관중인 조선시
대에 조성한 자장대국통의 진영에는 '황제의 스승이고 신라의

국사인 자장율사의 진영〔帝師新羅國師慈藏律師之眞〕'이라고 하였다.

여하튼 『자장정율』은 『당전』의 '강관鋼管'을 '원관員管'이라고 하
고 자장 대국통이 위와 같이 승니의 기강을 바로 잡음이 마치 공
자가 위衛로부터 노魯에 돌아와서 음악에 아雅와 송頌을 바르게
하여 각각 그 마땅함을 얻게 한 것과 같았다.
이때를 당해서 나라 안의 사람으로서 계를 받고 부처를 받들어
모시는 사람이 열 집 중에 여덟, 아홉이고 머리 깎고 스님이 되려
는 이가 해마다 달마다 더하였다. 이에 통도사를 짓고 계단을 쌓
아 사방에서 오는 사람을 득도시켰다.(원주原註 : 계단의 일은 이
미 위에서 나왔다.)

이 원주에서 지적한 것은 『삼국유사』권3 전후소장사리에 '국사
에 이르기를, 선덕왕대인 정관 17년 계묘에 자장법사가 갖고 온
부처의 두골, 부처의 어금니, 부처의 사리 백립, 부처가 입던 비
라금점가사일영을, 그 사리는 삼분하여 일분은 황룡탑에 두고 일
분은 태화탑에 두고 일분은 가사와 함께 통도사의 계단에 두었
다. 그 나머지는 소재가 확실치 않다. 단壇은 이급二級이 있는데
상급 가운데 돌 뚜껑 가마를 엎어 놓은 것 같은 곳에 안치하였
다.'라고 하였다.

대국통大國統 자장율사慈藏律師

자장스님이 통도사의 계단을 건립한 것(646)은 당의 도선이 정업사에 건립한 계단(667)보다 21년이나 앞선다. 뿐만 아니라 통도사의 현재 계단 형식은 이층 계단 위에 불탑을 모시고 그 위에 다시 보주를 모시고 그 앞에 실제 수계의식을 할 수 있는 법회장은 따로 만들어 삼사칠증이 일렬로 앉을 수 있도록 만든 특수한 형태로서, 중국은 물론이고 세계 어디에서도 예를 찾기 어려운 특색 있는 모습으로 이후 국내의 사리탑을 모신 계단은 이것을 본보기로 하고 있는 듯하다. 그리고 이러한 형태는 다른 나라에서 그 예를 찾기 어렵다.

뿐만 아니라 소승불교에서는 당연히 보살계라는 이름도 없고 중국에서는 황제나 황후, 황태자를 비롯한 황실의 종친이나 특별한 공로가 있는 사람이 보살계를 받을 수 있는 것으로 생각하고 있는 실정이다. 계단에 많은 사람이 한꺼번에 계를 받을 수 있도록 설계되어 있는 곳은 통도사 뿐이다.

참고로 최근까지 중국에서는 보살계는 특수한 사람이 받는 것으로 인식되어 수양제隋煬帝, 당唐의 예종睿宗, 숙종肅宗, 덕종德宗 등을 예로 들며 임금이나 고승만이 받는 것으로 오해되어 계단사戒壇寺의 계단戒壇만이 보살계를 설할 수 있다고 선전하고 있었다.(원수삼편袁樹森編,『계단사戒壇寺』pp.42~43)

여기에 반해 우리나라에서는 범망경에서 설해진대로 '누구든지 법사의 말을 알아들을 줄만 알면, 보살계를 받을 수 있다.'는 정신을 존중하여 보살계를 받으려는 사람을 막지 않으며 오히려 받기를 권장하고 있다.

통도사를 예로 들면 보살계를 받으려는 사람이 해마다 늘어나 대웅전에서 법회를 하지 못하고 새로 설법전을 크게 지어 삼사는 조금 앞에 앉고 칠증은 조금 단을 높게 한 대신에 한발 뒤에 좌정하게 하여 수천 명이 한꺼번에 수계할 수 있는 이상적인 계단을 만들었다.

대국통大國統 자장율사慈藏律師

통도사 사리탑

　　　　　　　　　　　——

　　　　　　　　　누구든지
　　　법사의 말을 알아들을 줄만 알면,
　　　　보살계를 받을 수 있다.

통도사通度寺와
사리탑

위에서 고찰한 바와 같이 우리나라에서는 『삼국유사』의 기록대로 자장스님이 중국의 오대산에서 문수보살로부터 부처님 사리를 모시고 온 것으로 알고 있으나, 『당전』에는 또 '별도로 사탑寺塔을 십여 곳에 지었는데 매양 하나씩 세울 적마다 온 나라가 함께 숭앙하였다.

자장스님이 이에 발원하여 말하기를 "만약 지은 바가 영험이 있다면 바라건대 신이神異한 모습〔相〕이 나타나게 하옵소서."라고 발원하였더니 문득 사리가 발우와 발건鉢巾에 나타남을 감득하였다. 대중이 감격하여 보시하는 물건이 산더미 같았고 발심하여 계를 받아서 선을 행하는 사람이 날로 늘어났다'라고 서술하여 『삼국유사』와는 전혀 다르게 자장스님이 귀국 후에 많은 절을 짓고 자기가 지은 절에 영험이 있을 것 같으면 이적異蹟이 나타나기를 발원하여 사리를 감득感得하였다고 기술하고 있다.

이것은 위에서 말한 『삼국유사·전후소장사리』의 내용과는 전혀 다르다. 이는 『자장정율』에서도 그 각주에 '자장이 처음 그것(오대산에서 문수보살을 친근하고 사구게四句偈와 사리와 가사 등을 전수 받은 일)을 숨겼기 때문에 『당승전』에는 싣지 않았다' 고 말하고 있는 것처럼, 오대산신앙과 자장과의 관계를 『당전』에는 일체 말하지 않고 다른 측면에서 자장스님과 불사리를 관계 짓고 있어 매우 주목된다.

이 점에 대하여 채상식蔡尙植『일연의 출현과 가지산문의 추이』는 '자장스님은 처음 당나라 왕실에 부탁하여 대장경 1부와 묘상妙像, 번幡, 화개花蓋 등 복리福利가 될 만한 것을 갖고 돌아갔다고만 말하였을 뿐이고 사리를 갖고 갔다는 말이 없었지만, 『자장정율』에서는 사리를 모셔왔다는 기록이 나오고, 『삼국유사』의 『전후소장사리』와 『대산오만진신』 및 민지閔漬『오대산전기五臺山傳記』에서는 사리는 전신사리, 불두골, 불지골, 불아 등으로 구체화되었을 뿐만 아니라 불발佛鉢이 첨가되고, 나중에 백옥발우白玉鉢盂로 발전하여 갔음을 지적하고 이는 아마도 후대의 필요에 의하여 밀교와 선종에서 법을 전하는 표시로서 가사와 발우를 전하였다.' 는 전의설傳衣說의 영향을 받아 윤색潤色하였을 가능성을 지적하고 있다.

각종 제도의
중국화

다음에 『당승전』에는 '그는 관습과 풍속과 복장을 중국식으로 바꾸고 정삭正朔을 받들게 하였으니 의리에 어찌 두 마음이 있었겠느냐? 일로써 상량하건대 온 나라가 다 변방의 복장을 한결같이 당의 의례에 준하여 모두 고쳤다.

때문에 매년 조집朝集 때에는 지위가 상번上蕃에 있었다. 관리를 임명하고 놀이를 하는 것도 모두 중국과 같이 하였다. 사를 의거하여 헤아려 본다면 고금을 통하여 예를 찾기 어렵다.' 라고 기술하고 있다. 여기에 대하여 『자장정율』은 '일찍이 나라의 복장이 중국과 같지 않음으로 조정에 건의하였더니, 모두 좋다고 허락하므로 진덕왕 3년 기유己酉에 비로소 중국의 의관을 복용하고 4년 경술(650)에 정삭을 받들어 처음으로 '영휘永徽'라는 당 고종의 연호를 사용하였다.

이로부터 조근朝覲이 있을 때마다 서열이 상번에 있었으니 자장 대국통의 공이다.' 라고 서술하고 있어 거의 동일할 뿐만 아니라 정확한 연대까지 밝히고 있다.

여기에서 '정삭正朔'이라고 말한 것은 정월과 초하루이니 즉, 한 해의 첫 달과 한 달의 첫날을 말한다. 전하여 역법曆法을 말한다. 고대에 새로운 왕조를 열면, 새로운 달력을 만들어 동지冬至 날 신하와 백성들에게 나누어 주었다. 이것을 사용한다는 것은 곧 새 왕조를 인정하여 받든다는 뜻이 있다. 이렇게 볼 때 진덕여왕이 당시에 이미 사용하고 있던 신라의 '태화太和'라는 연호年號를 버리고 당의 연호를 쓰기로 한 것은 대국大國인 당나라에게 번국藩國이 되는 것을 자청한 셈이다.

그러므로 이를 굴종외교로 볼 수도 있으나 당시 삼국 중에서도 가장 열세에 있었던 신라로서는 어쩔 수 없는 자구책이었다. 어찌 하였든 이것을 당시에는 크게 성공한 외교라고 평가하여 삼국사기三國史記는 뒷날 태종무열왕이 된 김춘추金春秋의 공으로 돌리고 있다.

대국통大國統 자장율사慈藏律師

자장 대국통의
입적

『삼국유사』 자장정율에는 자장스님이 입적하는 과정을 다음과
같이 기술하고 있다.

'말년에는 서울을 떠나 강원도 강릉에 수다사水多寺를 짓고 거처
하였다. 꿈속에서 오대산 북대에서 친견한 인도 스님이 오셔서
"내일 그대를 대송정大松汀에서 만나리라."고 하였다. 놀라 일어
나 일찍 대송정에 갔더니 과연 문수보살이 오심을 감득하였다.
법요法要를 물으니 태백산 갈반지葛蟠地에서 만나자고 하시고는
모습을 감추고 나타나지 않았다.(원주原註: '송정에는 지금도 가
시가 나지 않고 새매도 깃들지 않는다' 라고 하였다.)
자장스님이 태백산에 가서 갈반지를 찾으니 큰 뱀이 나무 밑에서
또아리를 틀고 있는 것을 보시고 시자에게 말씀하시기를 "여기
가 이른바 갈반지이다."라고 하시고 그 자리에 석남원石南院 즉,
지금의 정암사를 짓고 문수보살이 강림하시기를 기다렸다.

어느 날 한 늙은 거사가 남루한 가사를 입고 칡으로 만든 삼태기에 죽은 강아지를 담고 와서 시자에게 말하기를 "자장을 만나러 왔소." 시자가 말하기를 "큰스님을 모신 이래로 큰 스님의 명자를 함부로 부르는 사람을 보지 못했소. 당신은 어떤 사람인데 이렇게 미친 말을 하시오?" 거사가 말하기를 "다만 그대의 스승에게 알리기만 하시오." 드디어 자장스님에게 고하니 자장스님이 깨닫지 못하고 "아마 미친 사람인 것 같구나." 문인이 나와서 꾸짖고 쫓아버렸다.

거사가 말하기를 "돌아가리라. 돌아가리라. 아상我相이 있는 자가 어찌 나를 보겠는가."라고 하면서 삼태기를 거꾸로 털어 내리니 개는 변하여 사자보좌獅子寶座가 되었다. 거사가 그 위에 앉아 광명을 놓으며 떠났다. 자장스님이 듣고 비로소 위의를 갖추고 빛을 따라 남쪽 고개에 올랐으나 까마득하여 미치지 못했다. 드디어 몸을 버리고 졸卒하였다. 다비하여 유골을 돌구멍에 안치하였다.'

자장스님의 입적에 대하여 뒷날 세상에 전하기를 자장스님이 정암사에 계실 때 어리석고 미친 듯한 노인이 남루한 옷을 입고 삼태기에 죽은 강아지를 담고 한손에 술병을 들고 한 손으로 고기를 씹으며 "자장이 있느냐!"고 소리쳤다. 시자가 말하기를 "내가 큰스님을 모신 이후 스님의 명자를 함부로 부르는 사람이 없었는데 당신은 누구냐?"고 문자 노인은 "너는 너의 스님에게 전하기만 하라."고 하였다.

이 말을 들은 자장스님이 "아마도 미친 사람인 듯하다. 돌려보내라."고 하였다. 그러자, 노인은 "가라면 가야지, 가라면 가야지."라고 하면서 삼태기를 거꾸로 터니 강아지는 변하여 사자고 되고 거사가 그 위에 앉으니 문수보살이 되어 광명을 놓으며 떠났다.

이것을 본 자장스님이 뒤따랐으나 미치지 못하자 몸을 두고 문수보살을 따르면서 100일 동안 다비하지 못하도록 당부하였다. 며칠 뒤에 기골이 장대하고 위엄이 넘치는 어떤 스님이 나타나 대중을 꾸짖어 다비하였다.

자장스님이 문수보살을 뵙고 나중에 돌아왔으나 이미 영혼이 깃들 수 있는 육신이 없음으로 세상을 떠나면서 중구일重九日을 자신의 제삿날로 정하고 이날 주인 없이 떠도는 영가들을 천도하게 하였다고 전하기도 한다. 그리하여 자장스님이 창건한 절은 통도사를 비롯한 모든 절들이 이 날을 기하여 개산대재開山大齋를 봉행하고 있다.

이와 관련하여 『당전』에 '장차 신라에 돌아가고자 하여 운제사를 사직하고 내려 오려하자 큰 귀신을 보았는데 그 무리를 헤아릴 수 없었다. 갑옷을 입고 병장기를 가지고 말하기를 이 금가마를 가지고 자장스님을 영접하려고 합니다. 다시 다른 대신大神을 보니 그와 다투어 자장스님을 맞이하고자 하는 것을 허락하지 않았다.

자장스님이 추악한 기운이 골짜기에 가득한 것을 보고 곧 승상繩床에 나아가서 결별을 통보하였다. 그 한 제자가 또 귀신에게 맞아서 죽었다가 깨어났다. 자장스님이 곧 모든 의복과 재물을 스님들에게 보시하였다. 또 향기가 몸과 마음에 두루함을 맡았다. 귀신이 자장스님에게 말하기를 "지금 죽지 않으니 80여세를 살 것이라 하였다."라고 하였다.'

하지만 실제로 자장스님이 세상에 계신 것은 80을 넘지는 않은 것 같다. 즉, 자장스님은 천수를 다하지 않고 문수보살을 따라 갔다는 설화가 나올 수 있는 소지는 『당전』에 이미 있었다는 것이다.

자장스님의 저술에 대하여 『당전』은 '모든 경전과 율장의 소疏십여권十餘卷을 짓고 관행법觀行法 일권一卷을 내어 저 나라에서 매우 유행하였다' 고 『자장전』을 일단 끝맺고 있다. 『삼국유사』는 이 부분에 대한 별 언급이 없으나 〈자장정율〉의 말미에

일찍이 청량산을 향하여 꿈을 깨고 돌아오니〔曾向淸凉夢破廻〕
칠편삼취가 일시에 열렸도다.〔七篇三聚一時開〕
검은 옷 흰옷에 부끄러움의 옷을 입하니〔欲令緇素衣慚愧〕
동국의 의관을 상국上國처럼 만들었네.〔東國衣冠上國裁〕
라고 끝맺었다.

이 게송에서 "일찍이 청량산을 향하여 꿈을 깨고 돌아오니〔曾向淸凉夢破廻〕"라고 말한 것은 자장스님이 청량산 즉, 오대산에서 큰 깨침을 얻고 돌아왔다는 뜻이고 "칠편삼취가 일시에 열렸도다.

〔七篇三聚一時開〕”라고 말한 칠편七篇은 비구계의 바라이, 승잔, 바일제, 바라제사니, 투란차, 돌길라, 악설을 말하지만 여기서 칠편七篇은 출가 오중五衆인 비구, 비구니, 식차마나, 사미, 사미니와 재가 이중二衆인 우바새, 우바이의 칠부중이 지켜야 할 계를 말하는 것이고 삼취三聚란 섭중생계攝衆生戒와 섭선법계攝善法戒와 섭율의계攝律儀戒의 삼취정계三聚淨戒를 말하는 것이니 자장스님의 귀국에 의하여 스님과 일반신자님들이 모두 해야 할 일과 하지 말아야할 일, 중생을 복되게 할 수 있는 길이 활짝 열렸음을 말하는 것이고 “검은 옷 흰옷에 부끄러움의 옷을 입하니〔欲令緇素衣慚愧〕”라고 말한 것은 검은 옷은 출가한 스님을 말하고 흰옷은 재가불자님을 말한 것이고 “부끄러움의 옷을 입하니〔衣慚愧〕”라고 말한 “참慚”은 스스로 자기 양심에 부끄러운 줄 아는 것이고 “괴愧”는 남 보기에 부끄러운 줄 아는 것이니 이것이 계의 근본이라고 할 수 있다. 그래서 계율의 홍포를 여기서는 “참괴할 줄 아는 옷을 입혔다.” 라고 말한 것이다.

“동국東國의 의관을 상국上國처럼 만들었네.〔東國衣冠上國裁〕”라고 말한 것은 자장스님 당시의 당나라는 태종太宗이 황제로 군림하여 비록 고구려에게 패배한 실책도 있었지만 정관貞觀의 다스림이라고 불릴 정도로 영토를 크게 확장하고 백성을 잘 다스려 각국의 문물이 모여드는 선진국이었고 불교도 크게 융성하였다. 그래서 자장스님은 중국의 복색을 따르도록 함으로서 신라의 국제적 지위를 상승시켰다고 보았다.

자장스님의 저서에 대하여 각종 경전의 목록經錄에는 『아미타경소阿彌陀經疏』・『아미타경의기阿彌陀經義記』・『사분율갈마사기四分律羯磨私記』・『십송율목차기十誦律木叉記』・『관행법觀行法』등이 자장스님의 저술로 기록되어 주로 정토신앙과 계율과 관행법에 관한 저술이 있었던 것으로 알 수 있다. 현존하는 자장스님의 저서는 없으나 일본의 양충良忠이 『법사찬사기法事讚私記』에서 자장스님의 『아미타경의기阿彌陀經義記』를 인용하고 있는데 거기에는 『아미타경』에 나오는 '작은 선근善根의 복덕과 인연으로 저 땅(극락정토)에 태어날 수 없다.' 라는 경문을 '소승의 선근으로는 왕생할 수 없고 보리심에 의하여 왕생할 수 있다.' 라고 해석한 것으로 보아 자장스님은 『화엄경』과 『열반경』 등 대승적인 입장에서 경과 율을 해석하였을 것이며 저술한 『관행법』도 대승적인 관행이었을 것으로 추정된다.

자장스님보다 먼저 입당하여 함께 귀국한 원승圓勝스님이 『범망경기梵網經記』를 저술하였으며, 자장스님이 『보살계본菩薩戒本』을 강의하고 있는 것으로 보아 『범망경』과 자장대국통이 설한 『보살계본』과의 관계도 생각하여 볼 수 있을 것이다.

맺는말

『당전』은「자장전慈藏傳」에 이어서 부전付傳으로 신라인으로서 자장스님보다 먼저 유학하고 있던 원승圓勝스님을 소개한 다음 "원승스님은 자장스님과 옷깃을 가지런히 하여 불법의 성참城塹을 주도하고 유지하다가 함께 고국에 돌아가 수행의 길을 크게 드높이고 율부를 강의하였으니, 그들이 처음이었다. 옛날부터 동번東蕃은 서쪽으로 유학西學하여 온 사람이 많았는데 경술經術을 배우러 왔다는 말은 들었지만 계검戒檢을 행하는 자는 적더니 인연의 얽힘이 거듭되어 지금은 삼학三學을 갖추었다.

이로써 통법通法과 호법에는 대대로 사람이 있음을 알며 중국은 탁濁하고 신라는 맑음을 여기에 징험한다."라고 끝맺고 있다. 이 도선스님의 마지막 말로써 우리는 자장스님이 엄격한 율사의 한 사람이었음을 의심할 수 없다.

뒷날 자장스님의 율사적인 면을 강조하여 '500번 나고 죽음을 거듭하면서도 한 번도 파계한 적이 없다' 는 뜻으로 '오백생 율사' 라고 말하기도 한다. 다만 그는 율사로서 승단 내의 기강을 바로잡았을 뿐만 아니라 나라의 풍속을 부처님의 자비사상으로 바꾸었고, 화엄의 원융사상을 기반으로 승과 속을 함께 껴안아 승속

대국통大國統 자장율사慈藏律師

일여의 경계〔僧俗一如〕에 놓고, 중국에 유학가서도 그곳 사람을 교화하여 불법을 홍포하고 더 나아가 황제의 신임을 얻음으로 거꾸로 신라조정의 귀의를 받아 신라와 당나라의 가교역할을 하여 신라가 외교국방상 안전을 얻는 데도 일조하였다는 사실을 알 수 있다.

이 밖에도 『당전』에는 언급이 없지만 『삼국유사』의 「자장정율」을 비롯하여 홍법편과 오대산 관계의 기사에는 자장스님이 국내에 돌아와 황룡사에 구층탑을 창건하고, 오대산의 문수신앙을 고양하고, 신라는 지금도 가섭불의 연좌석이 남아 있는 불국토임을 강조하고 신라의 왕족은 인도의 찰제리 즉, 왕족임을 강조하여 왕실의 권위를 세우기도 하였다. 이와 관련하여 『당전』에는 자장스님을 '신라왕자'라고 표현하기도 하였으며 자장스님과 인연이 깊은 황룡사에는 소석가당小釋迦堂이 있었다고도 한다.

다만 그의 열반에 얽힌 설화는 신라가 삼국통일을 이룩하고 당나라의 군대를 몰아내기 위하여 전쟁을 수행하게 되자, 친당 정책을 권장한 자장스님의 입지가 좁아져 세상의 부귀영화를 다 버리고 깊은 산중에 은거하였다가 천수를 다하지 않고 스스로 열반을 맞이하였음을 문수보살을 따라서 간 것으로 표현한 것으로 추리하여 볼 수도 있을 것 같다.

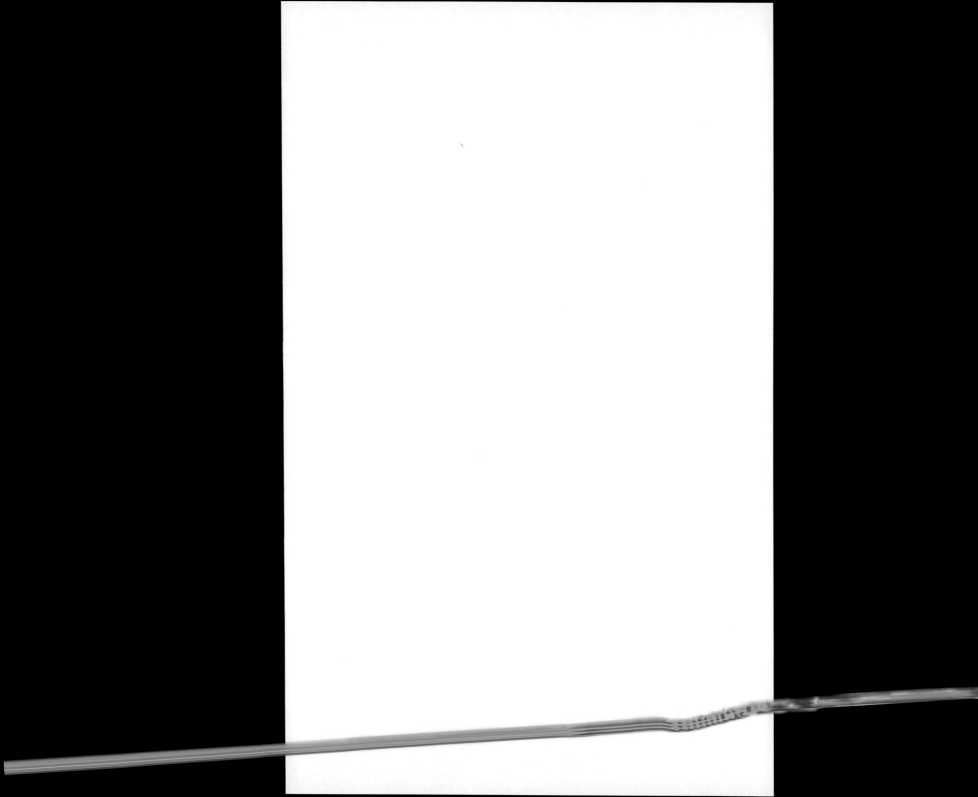

너는 끊임없이 정진해야 한다. 붓다는 오직 가르칠 뿐,
수행하며 깨달음의 길을 가는 이들은 자신의 굴레에서 자유로워진다.

법구경

영축산인의

한담 閑談

기축년
새해를 맞이하며

불교신문 2492호
2009.1.14

지난해는 정말 다사다난하였던 한해였다. 그중에서도 미국의 월
가로부터 터진 금융사기 사건 등이 계기가 되어 전 세계의 경제
가 침체되고 있다. 이는 한마디로 말하면 이른바 머리가 좋다는
사람들이 요령을 부려 자기가 한몫을 챙기는 것만 생각하고 그것
이 세상에 미치는 영향에 대해서는 별로 깊이 생각하지 않았기
때문이다.

그렇다면 이러한 위기에서 벗어나고 다시는 그러한 불황을 불러
오지 않게 하려면 먼저 사람들의 마음속에 도사리고 있는 나만
잘살려는 이기심을 버리고, 모두의 이익을 위하여 올바른 생각을
갖고 정직하게 말하고 정직하게 행동하여야 할 것이다. 그러한
의미에서 묵은해를 보내고 새해를 맞이하는 지금 우리들은 새로
운 마음가짐을 가져야 할 것이다.

마침 새로 맞이하는 해는 소의 해이니 남을 속여 나의 이익을 얻으려는 잔꾀를 버리고 소의 우직함과 여유롭고 평화로움을 배워야 할 것 같다.

특히 불교에서는 소를 우리들의 참마음에 비유하여 마음을 찾는 것을 소를 찾는데 비유하여 그림으로 나타내어 심우도尋牛圖라 하고, 혹은 열 폭의 그림으로 나타내었다하여 십우도十牛圖라고 부르기도 한다. 그 이름만 열거하면 소를 찾아나서는 심우尋牛, 자취를 발견하는 견적見跡, 소를 보는 견우見牛, 소를 붙드는 득우得牛, 소를 길들이는 목우牧牛, 소를 타고 집으로 돌아오는 기우귀가騎牛歸家 등이다. 그래서 많은 절의 벽화에는 이 십우도를 그려놓은 곳이 많다.
더 나아가서 보조국사 지눌은 자기의 호를 소를 기르는 사람이라는 뜻으로 '목우자牧牛子'라고 하였고 만해스님은 자기가 사는 집을 소를 찾는 집이라는 뜻으로 '심우장尋牛莊'이라고 하였다.

새로 맞이하는 새해는 우리 모두 소를 찾는 마음으로 잃어버린 양심을 찾는 한해가 되기를 빌어본다.

손님을
잘 접대하라

불교신문 2497호
2009.2.4

정화 직후에는 어느 절을 가더라도 객실이 있었다. 그때는 절마다 먹고살기도 힘들어 스님들은 특별한 법회가 있으면 보시를 받는 일이 있었지만 평소에는 보시 한 푼 받지 않았다.

자신의 문제 해결을 위하여 내 수행 내가 하는데 절에서 먹여주고 입혀주고 재워주는 것만으로도 다 부처님 은혜로 알고 고맙게 생각하였다. 그런데 묘한 것은 어느 명산 명찰에 가서 공부를 하고 싶거나 기도를 하고 싶거나 행각을 나가면 돈이 없어서 목적을 이루지 못하는 일은 없었다. 왜냐하면 가는 곳마다 절이 있고, 그 절에 있는 스님은 객스님을 보면 보는 장소에서 객스님의 걸망을 받아 짊어지고 객실로 영접하여 주었고, 따뜻한 방에 편안히 먹고 자게 한 다음에 이튿날 떠날 때는 조금이라도 여비를 지어주는 풍습 덕분이었다.

그러나 최근에 일부 전문 객승들이 여법하지 못한 행각을 한 탓으로 이 객실이 거의 없어져 버렸다고 한다. 이제는 특별히 초청을 받기 전에는 다른 절에 가서 하룻밤 쉬어 가기도 어렵게 되어 버렸다.

지금 수행하는 스님들은 옛날보다 행각하기가 훨씬 어려울 것이다. 우리 선배들이 정화운동을 결심하게 된 것도 스님들이 해제를 하고 행각을 나가면 당시의 주지스님들이 객실을 마련하여 주지 않아 스님들이 쉬어갈 만한 방이 없어 거기에 대한 비판으로부터 시작되었다는 소문도 있다. 옛날 그 객실을 되살릴 수는 없을까?

참고로 《범망경보살계본》 48경구계의 26번째는 '객스님이 오시면 머무는 동안 음식으로 공양하고 방사 침구 등을 일일이 공급하고 자기 몸을 팔아서라도 객스님이 필요로 하는 것을 공급하여야 하며, 신도님이 대중스님을 공양 올릴 적에는 객스님도 함께 공양을 올려야 하며 이것을 어기면 경구죄를 범한다.' 고 하였다.

선종善終

불교신문 2505호
2009.3.4

국민의 존경을 받던 김수환 추기경이 2월 16일 선종하셨다는 소식이 전해졌다. 말의 뜻은 알겠지만 자주 듣는 말은 아니었다. 몇 종류의 사전을 찾아보았다.

1. '유종有終의 미를 거둔다' 는 뜻이 있다. 〈사기史記-악서樂書〉에 '조심하고 두려워하여 잘 지키고 잘 마쳤다고 말하지 않겠느냐' 라고 하고 〈위지魏志-왕창전王昶傳〉에 '대저 만물이 속히 이루어지면 빨리 망하고 늦게 성취하면 유종의 미를 거둔다' 라고 한 것이 여기에 해당한다.

2. 천수天壽를 다함이다. 〈진서晉書-위서전魏舒傳〉에 '진나라가 일어난 이래로 능히 영화를 사양하고 선종善終한 사람은 아직 없었다' 고 한 것이 여기에 해당한다.

3. 죽음을 애도하여 슬피 우는 것. 〈좌씨 문왕 15〉에 '양중襄仲이
울지 못하게 하려하자 혜백惠伯이 상喪은 어버이의 마지막이다.
비록 처음은 잘하지 못했으나 선종善終하는 것이 옳다' 고 한 것이
여기에 해당한다.

4. 죽음을 두려워하지 아니하고 이를 초월함이다.
〈장자莊子-대종사大宗師〉에 '처음(생生)도 좋게, 마침(사死)도 좋
게' 라는 말과 같이 도교에서는 사는 것도 죽는 것도 그대로 인정
하여 대자연에 맡기는 것을 말한다.
천주교에서 말하는 선종은 한문 교리서를 우리말로 번역한 최양
업 신부가 거기에 나오는 '선생복종정로善生福終正路' 라는 말을 천
주교적 삶의 핵심이 담겨 있다고 보고 선종가라는 노래까지 만들
었다고 한다. 말의 뜻은 '착하게 살다가 복되게 죽는 것이 바른
길' 이라는 뜻이다.

김수환 추기경은 여러 의미에서 선종하였다고 생각하며 삼가 명
복을 빈다. 오복의 하나에 '아름답게 죽는 것' 이 들어 있다. 우리
모두 착하게 살다가 복되게 열반에 들기를 빈다.

박한영 스님과
청법게請法偈

불교신문 2511호
2009.3.25

법사가 법상에 오르면 목탁 소리에 맞추어 "차경심심의 대중심 갈앙 유원대법사 광위중생설此經甚深意 大衆心渴仰 唯願大法師 廣爲衆生說, 경의 깊고 오묘한 뜻/ 대중들이 목말라 물 구하듯 합니다/ 오직 원하옵나니 큰 법사님께서는/ 널리 중생을 위하여 설하옵소서"라고 대중이 청법게를 외운다. 법상에 오른 사람으로서는 자신을 되돌아보게 한다.

더구나 근래에 작사된 청법가請法歌에 "덕 높으신 스승님 사자좌에 오르사 사자후를 하소서"라고 하면 부처님께 죄송하다는 생각이 들 때가 많다. 처음 법사로 초청받았을 때는 청법가가 끝나기를 기다려 법상에 올랐다. 속으로 나로서는 부처님 혹은 선지식을 청하여 법이로 듣고 싶지만 부처님 혹은 선지식의 설법을 들을 수 없으니 하는 수 없이 내가 대신하는 것이라고 생각하였다. 그러나 세월이 흐른 뒤에야 무세지는 중에서 마음 저면 무게

기는 척하고 등단하기도 하였지만 요즘은 아주 등단한 다음에 청
법가를 하는 쪽으로 자리 잡은 듯하다.

1945년 우리나라가 일본으로부터 해방되자 조선불교조계종 초
대 종정을 지낸 박한영朴漢永스님은 이 청법게가 끝나기 전에는
결코 법좌에 오르지 않으셨다고 한다. 그 이유는 자기는 대중과
함께 부처님 법을 배우는 입장이니 자신도 대중과 함께 부처님에
게 법을 청하는 입장이라는 것이다.
당시 불교계 최고의 석학이시고 종단 최고의 지위에 있었고 대원
강원의 강주와 중앙불교전문학교 교장으로서 운허, 운기, 운성
등 많은 출가제자를 양성하고 당시 학계를 풍미하던 최남선, 정
인보, 이광수 등과 친교를 쌓고 불심을 심어주었으며 김동리, 서
정주 등 많은 인재를 길러내고도 자신은 배우는 사람이라는 생각
을 버리지 않았다고 한다.

오는 3월 25일은 박한영 스님의 원적 60주기 다례재가 열린다.
우리 모두 큰스님의 겸손한 학인정신을 본받았으면 한다.

보살계 菩薩戒

불교신문 2518호
2009.4.18

지금 전국의 많은 사찰에서 보살계를 설하고 있다. 그러면 보살계란 무엇인가? 대승보살이 수지하여야 할 계율을 말한다.

여기서 말하는 대승보살이란 출가와 재가를 가리지 아니하고 위없이 올바른 깨달음을 이루겠다는 보리심을 일으켜 불도를 닦는 수행자를 통틀어서 말한다. 이 보살계를 설한 경전은 〈보살영락본업경〉 등 수없이 많다. 그 중에서 가장 많이 보급된 것이 〈범망경보살계본〉으로서 우리나라에서는 모두 여기에 의거하여 보살계를 설하고 있다.

이 보살계의 특징은 보리심을 일으킨 사람은 누구나 받을 수 있다. 자기의 불성을 개발함을 목적하기 때문에 불성계라고 하고, 깊은 보리세를 받아나 ㅣ 세계는 현번잔으로 고정세계다꼬보 아나. 보살계를 받을 수 있는 자석에 대하여 법사의 말을 알아들을 수만 있다면 누구든지 받을 수 있다고 하였다.

더 나아가서 다른 종교를 믿는 사람도 받을 수 있다고 하였다. 보살계를 받은 사람의 의무는 계를 지킬 것과 부모와 스승과 삼보에 대하여 효순하라고 한 것이 특색이다. 계를 받는 공덕에 대해서는 온갖 선을 증장시키며 중생이 불성계를 받으면 바로 부처의 지위에 든다고 하였다.

그 내용은 10중重 48경계輕戒로 되어 있다. 10중重은 열 가지 바라이죄를 의미하는 것이다. 바라이죄란 것은 율장에서는 교단에서 추방하는 계에 해당하지만, 범망경에서는 10중계를 범하면 지옥에 떨어지는 죄라고 하였다. 내용은 생명을 죽임, 도적질, 사음, 거짓말, 술 파는 것, 사부대중의 허물을 말하는 것, 자기는 칭찬하고 남을 헐뜯는 것, 내 것을 아끼기 위하여 남을 모욕하는 것, 성낸 마음으로 남의 사죄를 받아들이지 않는 것, 삼보를 비방하는 것을 말한다.

48경계는 스승을 존경하고 방생을 권하며 명리와 사욕을 금하고 발원과 보살행을 권하였다. 이 시대에 맞는 계라고 생각하며 크게 유통되기를 빈다.

통도사 / 금강계단 석문

48경계는 스승을 존경하고 방생을 권하며
명리와 사욕을 금하고 발원과 보살행을 권하였다.
이 시대에 맞는 계라고 생각하며 크게 유통되기를 빈다.

계戒는 삼학三學을
겸한다

불교신문 2525호
2009.5.20

통도사 산문이 있는 무풍교에서 보행로 절 쪽으로 걸어가면 왼편
으로 군데군데 석등石燈이 서 있어 밤길을 밝혀주고 있다. 등마다
시주자의 이름이 새겨져 있는데 그 가운데 '본사 서증곡本寺 徐曾
谷' 이란 이름이 있다.

이 분은 1880년 통도사로 출가하여 선과 교와 율에 정통한 학승
으로 1929년 선교양종의 7교정敎正의 한 사람으로 추대되었으나
끝내 사양한 스님이다. 이 분이 스스로 자기의 호를 '증곡' 이라
고 지은 것은 '증曾' 은 스님을 뜻하는 '승僧' 이란 글자에서 인亻변
을 떼어낸 것이고 '곡谷' 은 세속을 뜻하는 '속俗' 이란 글자에서
인亻변을 떼어낸 것이니 승려도 아니고 속인도 아니라는 것이다.

'승려가 아니다' 라는 것은 계를 잘 지켜 만인의 존경을 받고 선
정과 지혜를 닦아 성과聖果를 증득하여 중생으로부터 공양을 받

을만한 자격을 갖추지 못하였으니 참다운 의미에서 승려라고 할 수도 없고, '속인도 아니라는 것'은 사람으로서 당연히 하여야 할 부모를 받들고 처자를 거느리지 못하니 속인이라고도 말할 수 없다는 것이니 지극히 겸손한 말씀이다.

이 분이 말씀하시기를 "주지 김구하 스님이 취임한 이래 선원과 강원을 특별히 받드니 전국의 선지식이 모여 들었다. 마치 영산 회상과 소림의 풍월을 보는 것 같았으나 율원이 없어 아쉬웠는데 1915년 가을 보상암 선원을 감로당으로 이전하고 거기에 율원의 현판을 높이 단 다음에 나를 좌주로 청하니 한 산중에 삼학이 두루 갖추어졌다"라고 했다.

이것을 보면 우리 선배 스님들은 조국이 일제의 식민지가 되는 현실을 보면서 불법의 중흥을 위하여 교육의 필요성을 간절히 느꼈다. 특히 증곡스님은 계는 정定으로 체體를 삼고 혜慧로 용用을 삼는다. 또 계는 몸가짐에는 율律이 되고 말로 하면 법이 되고 마음에 두면 선禪이 되어 응용에는 비록 셋이나 그 지취旨趣는 하나라고 말했다.

불교신문 2532호
2009.6.13

남
괴롭히지 말기

지난 5월 23일 노무현 전 대통령이 스스로 바위에서 뛰어 내림으로써 많은 국민을 슬프게 하였다. "그는 죽음으로서 정치적 승리를 거두었다" 라고 말하기도 하고 "대통령은 마음대로 죽을 자유도 없다" 고 말하기도 했다.

모두 자기의 생각대로 말하는 것일 뿐 가신 이의 마음의 고통을 제대로 이해하지는 못하였을 것이다.

나는 문득 아버지의 반란을 제지하지 못하고 스스로 목숨을 끊은 이처李墀의 자결을 생각하였다. 783년, 중국 당나라 때 반란군의 괴수인 주자朱泚가 봉천奉天으로 피난 간 황제를 포위하였을 때 아버지인 이회광이 적군을 물리치고 덕종을 구하였으나 간신들의 농간으로 함께를 뵙지 못하고 전선으로 돌이기며 불신이 생겨 함양에 주둔하면서 입규하지 않았다.

이때 이회광의 아들로서 감찰어사인 이최가 밀고하기를 "신의 애비는 반드시 폐하를 저버릴 것입니다. 빨리 대비하십시오. … 신의 애비가 신을 사랑하지 않는 것도 아니고 신이 애비와 종족을 사랑하지 않은 것이 아닙니다. 신이 힘을 다해도 애비의 마음을 돌릴 수 없습니다." "그렇다면 경은 무슨 계책으로 환난을 면하겠느냐." "신의 진언은 구차하게 살기를 구해서가 아닙니다. 신의 애비가 패하면 신은 함께 죽을 것입니다. 무슨 계책이 있겠습니까. 신이 만약 애비를 팔아 살기를 구한다면 그러한 사람을 폐하는 어디에 쓰겠습니까?" 이회광은 과연 배반하였고 덕종은 이회광을 주살하기에 앞서 이최를 구하려고 사람을 보냈으나 이최는 이미 자살한 뒤였다.

보살계의 제일계는 '불살생'이다. 생명을 함부로 죽여서는 아니 된다. 죽는 것을 묵인해도 아니 되고 찬탄해서도 아니 된다. 스스로 목숨을 끊어서도 아니 된다. 동시에 상대가 죽고 싶도록 남을 괴롭혀서도 아니 된다. 우리는 이 불행한 일을 계기로 고인의 명복을 빌며 서로 남을 괴롭히는 일 없이 이해하며 살도록 노력하여야 한다.

백련사와
경운스님

불교신문 2539호
2009.7.8

통도사 박물관에는 감지紺紙에 금니로 사경寫經한 《법화경》이 한
질 있는데 이것은 어떤 스님이 아버지를 천도하기 위하여 발원하
고 명성황후가 국태민안을 발원하고 물자를 후원하여 순천 선암
사의 강백 경운원기(1852~1936)스님을 초청하여 통도사 백련사
에서 사경한 것이다. 이때 족제비가 나타나 털을 보시하였다는
일화도 유명하다.

또 경운스님이 선암사에서 화엄경을 서사할 때는 한 자 적고 염
불 한 번 하고 한 줄 적고 예불 삼배를 올리면서 5년에 걸쳐서 완
성하였다.

이 분이 순천 환선싱 겪사인 백련사를 세웠다. 여규
려 〈경운원기선사백련사발원문발慶雲元奇禪師白蓮社發願文跋〉을
간추려 보면 기에 여산혜원조사廬山慧遠祖師가

遺民등 18현賢을 상수로 하는 123인의 거사님들과 함께 갑인년 (414)에 백련사를 맺었고, 이번 갑인년(1914)에 순천 환선정 광진 廣津의 못에 홀연히 백련 수백 떨기가 파도 위로 솟아나 좋은 향기가 사방으로 퍼졌다.

경운스님이 발원문을 지어 찬탄하여 말하기를 "미증유한 일이다. 어찌 우연한 일이겠는가?" 이에 백련사를 창건하고 이방휘, 오재영, 김효찬 세 분의 거사가 글을 지어 기록하고 나에게도 한마디를 청하니 "나는 평소 경운스님의 도행을 아름답게 생각하여 온 터라 경운스님이야말로 지금의 혜원스님이고 세 분의 거사님은 유유민등의 현인에 못하지 않다, 다만 원공영당기를 보니 도사 육수정, 술꾼 도원량, 잡기에 뛰어난 사영운 같은 사람도 거두어들여 그 도량의 너그러움과 계율의 엄격함을 보였다고 하니 술 좋아하는 나를 말석으로 거두어 주신다면 다행으로 알겠다." 라고 하였다.

양처 백련사를 통하여 자신은 인과를 믿고 계율이 엄격하면서도 많은 사람을 구제하기 위하여 백련사 염불 결사를 한 경운스님의 올곧은 신심을 배워야 할 것 같다.

절은
절 다워야 한다

불교신문 2546호
2009.8.1

절은
절 다워야 한다

얼마 전에 국립공원 안에 있는 절의 주지스님으로부터 들은 이야
기다.

어느 날 밖이 시끄러워 나가 보았더니 이교도들이 몰려와서 야외
기도회라도 하는지 찬송가를 부르고 있었다. 한마디 하고 싶었지
만 시비를 하고 싶지 않아 못 본척 하고 있었다고 한다. 마침 젊
은 스님이 그것을 보고 뛰어가서 "아무리 그래도 남의 절에 와서
이것이 무슨 짓이냐고?"고 하니 저쪽에서도 "여기가 국립공원인
데 어째서 당신이 관여하느냐?"고 대들고 많은 사람들이 후원하
니 젊은 스님이 도리어 궁지에 몰렸다.

그때 하는 수 없이 주지스님이 그쪽으로 가니 젊은 스님이 이번
에는 주지스님을 향하여 "스님도 그렇지요. 절에 와서 찬송가를
부르는데 못들은 척만 하고 있습니까?"라고 대들었다. 주지스님

은 자기도 모르게 "이 사람아, 말귀를 아는 사람에게 말을 해야지 말귀도 못 알아듣는 개만도 못한 사람들에게 말하면 무엇하느냐?"라고 말해버렸다.

그랬더니 이번에는 저쪽에서 "우리가 개만도 못한 사람이란 말이오?"하고 거세게 항의하였다. 주지스님은 능청스럽게 "내가 알기로는 개는 주인을 알아보고 누울 자리는 아는 줄 아는데 주인도 모르고 절과 교회도 구분 못하니 개보다 나을 것이 무엇이 있겠소?"라고 하였더니, 이번에는 "그렇다면 국립공원관리소장에게 가서 물어 봅시다"라고 제안하였다.

주지스님은 "나는 최후의 심판은 주님이 하시는 줄 알았는데 알고 보니 국립공원관리소장이 최후의 심판자이시군요"라고 대답하였다고 한다.

사찰이 국립공원 안에 있으면 이와 비슷한 일이 많이 일어날 것이다. 국립공원은 휴식처이고 자연경관의 유지를 목적할 뿐이지만 사찰은 수행도량이고 신앙생활을 하는 곳이다. 사찰은 사찰답게 신앙활동을 할 수 있도록 보장하는 게 당연하다.

'죽음'에
대한 표현

불교신문 2554호
2009.9.2

얼마 전에 절집에서 주최한 학술회의에서 발표된 내용을 불교TV 에서 방영하는 것을 시청하였다. 고승의 전기를 이야기하면서 "○○○○년도 죽었다"라고 말하고 평론하는 분도 그렇게 말하였 다.

문득 동경에서 대학에 다닐 적에 급우들과 함께 〈신선전神仙傳〉을 읽었을 때가 떠올랐다. 신선들의 죽음은 대부분 '우화등선羽化登 仙'으로 기록된다. 이것을 학생이 '죽었다'고 읽었다.

교수님이 보는 앞에서 "죽었다는 글자가 어디 있느냐? 이 책은 신선의 전기이고 우화등선이란 날개가 생겨 신선이 되었다는 뜻 이 아니냐?"라고 하였더니 교수님께서도 "앞으로는 우화등선羽 化登仙하였다고 읽어라"고 말씀하셨던 기억이 떠올랐다.

며칠 전 매스컴은 김대중 전前 대통령 서거를 일제히 보도하였다. 사전적으로 해석하면 서거逝去란 말은 사거死去의 높임말이다. 사거보다 더 낮춤말이 죽다〔死〕일 것이고 '죽다'의 과거형이 '죽었다'가 될 것이다. 그러므로 당대唐代에는 일반 서민으로부터 육품六品 이하의 벼슬을 한 사람까지만 '사死'라고 하고, 오품五品 이상은 '졸卒'이라 하고, 이품二品 이상 제후諸侯의 죽음을 '훙薨'이라 하고, 천자의 죽음을 '붕崩'이라 하여 사람들로부터 존경을 받는 사람에 대해서는 될 수 있는 대로 '사死'라는 글자를 피하였던 것이다.

하물며 불교에서는 부처님의 죽음을 번뇌의 불길이 꺼져버려 근심 걱정이 없는 가장 편안한 상태로 들어가셨다는 뜻으로 니르바나〔涅槃〕라고 하였으며, 큰스님의 죽음을 근심 걱정이 없는 적멸의 경지에 들었다는 뜻으로 입적入寂 또는 원적圓寂이라고 불렀다. 더 나아가 움직임과 고요함이 본래 없는 것이지만 인연 따라 적멸에 든 모습을 보인다는 뜻에서 시적示寂이라고도 불렀다.

그러한 단어들이 많은데 사찰에서 진행하는 학회에서 고승의 죽음을 '죽었다'고 표현해야 했을까?

― 통
  도
  사

  봉
  발
  탑

양처 백련사를 통하여 자신은 인과를 믿고 계율이 엄격하면서도
많은 사람을 구제하기 위하여 백련사 염불 결사를 한
경운스님의 올곧은 신심을 배워야 할 것 같다.

수륙재 水陸齋

불교신문 2560호
2009.9.23

우리나라에서는 언제부턴가 윤달이 드는 해에는 생전예수재生前豫修齋, 가사불사袈裟佛事, 보살계菩薩戒, 수륙재水陸齋, 삼사순례三寺巡禮 등 각종 불사로 다른 해에 비해 훨씬 바쁘다. 이 가운데 수륙재의 의미에 대해 생각하여 보았다.

수륙재란 물이나 뭍에 있는 모든 중생들에게 음식물을 보시하여 미혹한 세계의 일체의 망자 혹은 아귀들을 구제하고자 하는 재를 올림으로써 국태민안을 비는 풍습이다. 이것을 다른 이름으로는 수륙회水陸會 또는 비재회悲齋會라고도 한다.

비재회는 고통 받는 중생의 고통을 나의 고통으로 받아들여 그들에게 음식을 제공하여 갈증과 배고픔을 풀어주고 부처님의 법을 설하여 그 영혼을 영원히 고통이 없는 열반으로 인도한다는 뜻이 있다.

그 처음은 양무제梁武帝의 꿈에 신승神僧이 나타나 '사생 육도에 고통 받는 중생을 구제하기 위하여 수륙재를 열라' 는 지시를 받아 505년 금산사에서 개최한 것이 최초이다. 당대唐代에 이르러 도영道英스님이 대각사 의제義濟스님으로부터 이것을 전수받아 산북사山北寺에서 이 재를 연 뒤로 크게 유행하였다. 당송 팔대 문장가의 한 사람인 소동파는 죽은 아내를 위하여 수륙도량을 열고 수륙재의 법을 찬탄하는 16편의 글을 짓기도 하였다.

우리나라는 고려의 태조가 940년 귀법사에서 국가적 행사로 거행했고 조선의 태조는 개국 과정에서 억울하게 죽은 원혼을 달래기 위해 진관사津寬寺를 나라에서 수륙재를 거행하는 국행수륙재도량國行水陸齋道場으로 지정하고 1395년에는 왕王씨들의 원혼을 달래기 위하여 석왕사 등에서 별도로 수륙재를 열기도 했다.

이 수륙재를 준비하던 몇몇 절에서 신종플루 때문에 행사가 중지되었다고 한다. 그러나 재자가 발원한 통일과 화합, 죽은 자와 산 자의 영혼이 함께 구제받기를 빌어 본다.

세 분 스님의 조그마한 부도

불교신문 2567호
2009.10.21

얼마 전에 대한제국大韓帝國으로부터 일제강점기에 걸쳐서 승려 교육과 불교유신을 위하여 크게 활약하신 석전영호石顚映湖 (1870~1948)스님이 오래 주석하셨던 구암사龜岩寺를 다녀왔다. 완전히 불타고 없던 절을 20년 전에 빈터만 둘러본 적이 있었는데 새롭게 복원된 절을 참배하니 수희隨喜하는 마음이 용솟음쳤다. 이곳에는 석전스님의 강맥을 전한 원류가 되는 설파雪坡 (1707~1791)스님과 백파白坡(1767~1852)스님의 부도가 봉안되어 있다. 주지스님의 안내를 받아 대종사로서 선교에 두루 박통하신 두 분 큰스님의 부도를 친견하는 마음이 경외敬畏하는 마음으로 가득하였다.

막상 부도전에 도착하여 보니 그 규모가 너무 작아 길가에 있었는데도 보지도 못하고 지나다닐 정도였다. 설파가 누구인가 연담유일스님이 영찬影讚하여 말하길 "동국에 화엄이 있는 듯 마는 듯하더니 우리 스님이 중간에 태어나 허물어진 그물을 정돈하시니 십현 법문이 다시 펼쳐졌도다. 그 누가 다시 온 청량淸凉이라고 않겠는가" 라고 중국의 화엄4조 청량에 견주어 찬탄하였듯이 해동중흥조로 불렸던 분이었다. 이 분은 평생 수도에만 전념하여 보살십지 가운데 제이二 이구지離垢地에 올랐다고 불릴 정도로 수행이 깊으셨던 분이다.

백파스님은 교학은 설봉장일雪峰匠日스님으로부터 이어받고 선은 노노스님(증조할아버지)인 설파스님으로부터 이어 받아 추사 김정희가 스님의 비명에 〈화엄종주 백파대율사 대기대용지비華嚴宗主 白坡大律師 大機大用之碑〉라고 이름 붙인 것과 같이 화엄의 도리에 통달하신 화엄종주이시고 계율에 밝고 잘 지킨 율사이시고 선리禪理도 밝아 대기대용을 갖춘 희대稀代의 선지식이었다.

그 옆에는 손상좌인 정관쾌일(?~1813)스님이 나란히 있었는데 크기는 똑같았다. 아주 작은 세 분 큰스님의 부도 앞에 정성껏 예를 올렸다. 돌아가신 분의 덕망과 업적은 부도와 비석의 크기로 말하는 것이 아님을 명심하여야 할 것 같다.

수행자와
선거권

불교신문 2574호
2009.11.14

며칠 전 사부대중과 전 국민의 축하를 받으며 총무원장에 자승스님이 취임하였다. 스님은 유례없이 가장 차분한 분위기에서 과열된 선거전 없이 압도적인 지지를 얻어 당선되었다. 이것은 신임 원장스님이 생각이 다른 사람과도 소통하고 화합을 이끌어내는 자세로 임했기 때문이다. 원장 취임을 진심으로 축하하며 앞으로도 종도들의 의견을 두루 수렴하여 화합을 바탕으로 종단을 잘 이끌 것으로 믿는다. 선거권자의 현명한 판단에도 경의를 표한다.

그러나 선거 때만 되면 소외감을 느끼는 사람들이 많다는 것을 입법부인 종회의원스님들이 인지하여 주었으면 한다. 평생을 수행하는 수행승, 법랍이 많고 판단력이 있는 중진스님, 중요 소임자도 선거권이 주어지지 않은 경우가 많다.
가령 종회의원 선거를 예를 들면, 선거권자는 재적승과 거주승과 재직승이다. 재적승은 승랍 5년 이상의 승려로서 그 절에 승적만 있으면 어디서 무엇을 하고 있었던 일체를 묻지 않고 선거권이 부여된다.

거주승은 재적 본사가 아닌 다른 본사에 와서 수행승으로서 2년 이상 살고 있는 스님을 말한다. 이 경우에는 선원 율원 강원 등에서 살고 있는 것을 전 대중이 다 알면서도 주민등록이 되어 있지 않으면 선거권을 행사할 수 없으며, 주민등록이 되어 있어도 선관위에 접수하지 않으면 선거권이 부여되지 않는다.

재직승은 1년 이상 근무한 본사의 7직과 본 · 말사 주지스님이다. 이 경우도 주민등록이 어디로 되어 있느냐는 묻지 않는다.

기타 사원의 최고 어른인 조실이나 선원을 대표하는 수좌, 유나, 율원을 대표하는 율주, 율원장, 강원을 대표하는 강주, 학감을 위시한 수행자들은 소임자로 인정받지 못해 선거권이 없다. 한마디로 수행기관에 있으면서 수행하는 스님들은 철저하게 배제되어 있는 형태이다. 자기 수행을 위하여 진흙에 물들지 않은 연꽃처럼 살고 싶기도 할 것이다. 그러나 종단의 지도자를 뽑는 행사에 삼원의 수행자들에게는 선거권도 주지 않으면서 수행위주의 종단이라고 할 수 있을까?

우리를 도왔던
아이티

불교신문 2594호
2010.1.30

아이티는 중앙아메리카에 있는 작은 나라이다. 우리 남한의 약 4
분의 1정도 되는 국토에 1000만 명이 산다. 이곳에 지난 12일 오
후 규모 7.0의 강진이 강타하여 폭격을 맞은 전쟁터와 같은 처참
한 상황이 벌어졌다. 건물이 무너지고 도로가 파괴되고 통신이
두절되었다.

수많은 사람이 부상을 당하거나 목숨을 잃었으며 설사와 호흡기
질환 등 전염병이 발생할 위험성마저 크다고 한다. 시간이 지나
면서 UN을 비롯하여 세계 각국의 지원으로 차츰 안정을 찾아가
고 있다고 하지만, 아직도 수많은 사람들이 끼니를 찾지 못하여
헤매는 노숙자가 200만을 넘고 아이티 정부는 우선 40만 명의 이
재민이 거주할 정착촌을 건설할 계획이라고 한다.

아이티는 1인당 국민 소득이 660달러로서 인구의 70%가 하루에

우리를 도왔던 아이티
118

2달러로 살아가는 가난한 나라로서 지진이 일어나기 전에도 38만 명이나 되었으니, 지금은 몇 명의 고아가 더 생겼는지 알 수 없고 감옥에서 탈출한 죄수들이 고아들의 식량을 탈취하는 일이 자주 일어나 고아들에 대한 대책이 시급한 상황이다. 이러한 아이티를 구제하기 위하여 세계 각국의 정부와 개인이 온정의 손길을 뻗치고 있다. 우리 정부도 구호단을 보내고 성금을 전달하였으며 우리 조계종도 애도를 표하고 성금을 전달했다.

또 전국의 여러 사원들이 이에 호응하여 성금을 모으고 있는 것은 대자비로 몸을 삼아 병든 자에게는 좋은 의사가 되고, 길 잃은 나그네에게 길잡이가 되어주고, 어두운 밤에 광명이 되어주고 가난한 자에게 보배창고가 되어주는 부처님의 자비정신에 잘 부합하는 것이라고 생각한다.
천지가 나와 같은 뿌리이고 만물이 나와 한 몸이라고 하는 세계일화世界一花의 정신에서 많이 동참하기를 기대하는 바이다.

하물며 아이티는 1962년에 공식 수교를 맺기 이전인 1950년 우리가 어려울 때 우리에게 도움을 준 국가이다.

목탁

불교신문 2602호
2010.3.3

얼마 전 지각없는 어떤 목사님이 불교를 폄하하여 말씀하시길 "목탁을 왜 치느냐고 물어보았더니 잠 못 오게 하느라고 친다고 합디다. 그렇다면 아무거나 두드리면 될 것 아닙니까? 나는 별 뜻이 있는 줄 알았지"라는 식으로 설교하였다는 이야기를 들었다. 남의 종교를 폄하하기 위하여 고의로 한 가지 뜻만을 전부인 양 과장하여 한 말을 대답할 지면은 없지만 이 기회에 목탁의 의미를 한번 생각하여야 할 것 같다.

목탁은 사물四物의 하나로서 물에 사는 중생을 제도하는 의미도 있고 대중을 통솔하는 지휘봉의 역할도 하는 것이 사실이다.
비속卑俗한 말로 "목탁치고 있네."라든가 "요령 흔드네."라고 말하면 제대로 알지 못하면서 좌중의 주도권을 잡으려는 사람을 야유하는 말이다. 그래서 '교문敎門의 목탁'이라는 말도 있고 중국에 불교가 들어오기 이전 유교에서도 '하늘이 부자夫子로서 목탁을 삼다' 라는 말이 있었고 지금 절에서는 모든 행사를 목탁에 맞추어 진행하고 있는 것이 사실이다.

그런데 언제부터인가 이 목탁 치는 스님을 경시하는 풍토가 생겨나 '목탁이나 치는 스님' 이라고 말하는가 싶더니 최근 모 종단에서는 타 종단 스님을 초청하여 목탁을 맡겨버리는 일까지 벌어지고 있다고 들었다. 이것은 어떤 의미에서는 지휘봉을 넘겨주는 셈이다.
물론 그렇게 된 배경에는 아주 극소수의 스님이 '염불에는 뜻이 없고 젯밥에 관심이 많아' 그렇게 되었는지 모르겠지만 목탁을 잡고 염불을 외우면서 성심을 다하여 그 뜻을 관하면 그것도 훌륭한 수행이다.

개인적인 의견은 종단은 이것도 수행이력으로 인정해야 한다고 생각한다. 또 역사적으로도 염불 수행으로 성도한 스님, 왕생극락한 스님도 많고 옛날 고승의 전기를 기록한 〈고승전〉에도 잡과雜科를 두어 "법회를 잘 진행하는 창도唱導스님들이 불교를 빛내었다"고 서술하고 있는 것이다.

관세음보살 벽화

목탁은 사물四物의 하나로서 물에 사는 중생을 제도하는 의미도 있고
대중을 통솔하는 지휘봉의 역할도 하는 것이 사실이다.

《보살지지경》의
사바라이四波羅夷

불교신문 2610호
2010.3.31

지난 번 동계올림픽에서 우리 선수들이 예상 밖의 선전으로 온 국민을 기쁘게 하였다. 그리고 오늘 아침 뉴스를 들으니 외국의 일부 언론이 한국 때리기에 나섰다고 한다. 아마 동계올림픽에서 우리 선수들이 예상 밖의 좋은 성적을 낸 것에 대한 질투인 것 같다는 것이다. 이 질투심이 중생들이 갖는 병 가운데 가장 치유하기 힘든 병이다.

그래서 부처님이 이 병을 고쳐주기 위하여《법화경》에서는 따라서 좋아하면 한량없는 복을 받는다는 '수회공덕품隨喜功德品'을 설하고《화엄경》의 별행본인 '보현행원품'에서는 보살이 마땅히 행하여야 할 열 가지 큰 소원 가운데 따라서 기뻐하면 한량없는 복을 받는다는 내용의 '수회공덕원'을 두어 남 잘 되는 것을 보면 덩달아 기뻐하여 줌으로써 내 마음속에 일어나는 질투심을 치료하도록 하셨다.

또 《보살지지경菩薩地持經》의 '사바라이四波羅夷'는 다른 경전과 달리 "보살이 이익을 탐하여 자기의 공덕을 찬탄하고 남을 헐뜯는 것을 제1바라이라고 한다"고 자기를 칭찬하고 남을 헐뜯는 것을 첫 번째로 경계하셨다. 왜냐하면 내 자랑은 남에게 질투심을 일으키게 하기 때문이다. 그러므로 옛날 큰스님들이 남몰래 두타행을 쌓아, 남의 공덕을 찬양하며 잘못된 것은 자기에게 돌리고 잘된 일은 남에게 밀어주었던 것이다.

'바라이'는 승단에서 같이 살 수 없는 무거운 죄를 범한 스님에게 내려지는 가장 가혹한 형벌로써 단두죄斷頭罪라고 번역하기도 한다. 그 내용은 살생, 투도, 사음, 망어를 말하는 것으로 이것을 범하면 산문에서 쫓겨난다.

율장에서는 '나를 칭찬하고 남을 헐뜯는 죄'를 4바라이에는 넣지 않았지만 《범망경》 십중대계의 제7에 이를 수록하였다. 《보살지지경》에서 이것을 특별히 4바라이의 첫 번째에 둔 것을 보면 중생의 질투심이 얼마나 지독한 병인지 알 수 있을 것 같다. 우리는 내 마음 속의 질투심을 다스림과 동시에 내 자랑, 남 헐뜯기를 조심해야 할 것이다.

영웅을
추모하는 나라

불교신문 2617호
2010.4.24

얼마 전에 미국의 어느 사원을 방문하였다가 그곳 여행사를 통하여 라스베가스와 그랜드캐니언을 다녀왔다. 이번 여행에 만난 가이드는 애국심이 강하여 장거리 여행에 잠든 사람을 깨울 때는 "새벽종이 울린다. 새아침이 밝았다"로 시작되는 새마을 노래로 시작하는가 하면 때때로 '대한민국'이라고 연호하면서 잠을 깨우곤 하였다.

그가 잠을 깨워 보게 한 도로 간판은 '대한민국 고속도로'였다. 어째서 '대한민국 고속도로'가 생겼느냐하면 그 도로의 옆에 작은 마을이 있는데 그 마을의 청년 두 사람이 한국전에 참전하여 목숨을 잃었다고 한다. 이것을 명예롭게 생각한 마을 사람들이 자유와 평화를 사랑하는 우리 마을 청년 누구와 누가 극동의 작은 나라의 자유와 평화를 지켜주기 위하여 싸우다가 죽었다.

그의 숭고한 정신을 기리기 위하여 이 비를 세운다는 석비가 있고 지금도 성조기와 함께 태극기를 게양하여 그 정신을 기리고 있다고 하였다.

그리고 '대한민국 고속도로' 까지 생겼다고 설명하였다. 또 디즈니랜드 근처에 가면 도산 안창호 선생이 일하던 농장 근처에 안창호 우체국이 넷이나 있고 안창호 고속도로가 있다고 하였다.

미국은 이렇게 옳은 일을 하고 뜻있는 일을 한 사람이면 지위가 낮고 높음을 묻지 않고 내국인과 외국인을 묻지 않고 기념할 줄 아는데, 한국은 그런 일에 너무 인색한 것 같다고 하였다. 뿐만 아니라 버지니아 공대에 가면 무차별 살인마 조승희에게 억울하게 죽은 32명과 함께 조승희까지도 그들이 모두 좋은 곳에 태어나길 빌고 다시는 그러한 일이 재발하지 않기를 바라는 뜻에서 석비를 세워 기념하였다고 한다.

이번에 서해에서 국토방위의 의무를 다하다가 목숨을 바친 영웅들과 이들을 구제하기 위하여 살신성인殺身成仁의 모범을 보여준 우리의 영웅들을 영원히 기억하도록, 그리고 다시는 이러한 사고가 재발하지 아니하여 나라가 태평하고 국민이 편안하기를 빌기 위해서도 이를 기념하여야 할 것이다.

아름다운 죽음과
추한 죽음

불교신문 2624호
2010.5.19

지난 3월 불교의 지성으로 존경받던 법정스님이 열반에 드시며 법구法柩를 담을 널도 없이 다비에 붙여졌다. 아니 '법구'라고 부를 수도 없도록 널柩도 만들지 않고 열반에 드신 모습 그대로 다비에 붙여주고 문상객에게 부의금도 받지 않도록 유언을 내렸다. 마지막 순간까지 무소유無所有의 정신을 실천한 셈이다.

그 분의 꼬장꼬장한 성품 때문에 송광사 대중스님과 제자들은 유언대로 따랐다. 그러나 정신적으로 혹은 물질적으로 은혜를 입은 수많은 사람들이 스님이 왕생극락하시기를 빌고 혹은 본래의 서원을 버리지 마시고 다시 이 땅에 돌아와 중생들을 이끌어 달라고 빌었다.
스님의 육신은 세상을 버렸지만 스님의 가르침은 많은 사람들의 가슴 속에 더 깊이 각인되어, 스님을 추모하는 마음은 그칠 줄을 몰라 지금도 스님의 저서들은 베스트셀러에 올라 있다.

심지어는 불교를 믿지 않은 사람도 법정스님의 마지막 모습에 큰 감명을 받고 사람이 어떻게 살고 어떻게 죽어야 하는지를 보여주었다고 하였다.

이와 반대로 한 노스님은 성격이 밝고 경쾌하여 90세가 넘도록 천수를 누리고 어느 날 목욕하여 육신을 깨끗이 한 다음에 목욕탕 앞에서 열반에 들었다. 노스님에게는 저축한 돈이 있었으나 속가의 친척과 제자들의 의견차로 은행돈은 찾을 수 없고, 시간은 흘러 스님이 살던 절에서는 모든 장례비용을 사중 공금으로 대체代替하였다. 그러나 법적 상속권자는 통장에 있던 돈만 찾아가고 유골은 사중의 방 하나에 놓아둔 채 몇 년이 지나도록 방치되어 있어 오가는 분의 질타를 받고 있다고 한다.

오복의 하나에 '아름답게 죽는 것'이 들어 있다. 우리 모두 착하게 살다가 복되게 죽기를 바란다. 죽고도 손가락질을 맞아서는 안 될 것이다. 하물며 유족들이 재산을 탐내어 잘 살고 돌아가신 분이 오명을 입도록 하여서는 더욱 안 될 것이다.

/
소신공양

불교신문 2631호
2010.6.16

지난 달 마지막 날 문수스님이 낙동강 변두리에서, 자기 몸을 바쳐 소리 없이 흐르는 강물에 바친다는 뜻의 소신공양燒身供養을 올렸다고 한다. 《법화경》 약왕보살 본사품에는 '아득한 옛적에 약왕보살의 전신인 일체중생희견보살이 일월정명덕 부처님으로부터 법화경을 듣고 신심을 내어 자신의 몸으로서 일월정명덕 부처님과 법화경에 공양 올렸다.' 는 내용이 있다. 속리산 법주사에 가면 머리에 향로를 이고 서 있는 돌부처가 있는데 바로 일체중생희견보살이다.

김동리의 '등신불' 도 이 이야기에 근거하여 쓰였을 것이다. 이것은 모두 불법佛法 수행을 위하여 자신의 몸을 바친 것이다. 문수스님의 소신은 그의 유서에서 '4대강 사업 중지 · 부정부패척결 · 빈곤퇴치' 등을 제시한 것으로 보아 자연을 보호하고 부정부패를 없애고 가난에 시달리는 사람이 없는 행복한 사회를 만들

기 위함이라고 볼 수 있다. 그 뜻은 매우 숭고하여 숙연하여지기
까지 한다.

동양에는 천지 만물을 나와 같은 근원에서 나온 한 몸으로 생각
하고 우리가 의지하여 사는 이 세계 자체가 하나의 몸이라고 생
각하는 사상이 있다. 그것을 천인합일天人合一사상이라고 한다.
유교에서는 '하늘과 사람이 하나'라고 풀이하고 도교에서는 '자
연과 인간이 근원은 하나'라고 해석하였다.
불교에서는 한 걸음 더 나아가서 부처님은 열 가지의 몸이 있는
데 그 가운데 국토신國土身이라는 것이 있다. 쉽게 풀이하면 우리
가 사는 산천초목 이것들이 모두 부처님의 몸[佛身]이라는 것이다.

송대宋代 최고의 문장가인 소동파는 이러한 도리를 깨닫고 '시냇
물 소리는 부처님의 설법이요, 산 빛은 부처님의 청정한 몸'이라
고 노래하였다. 정부는 생명의 존엄을 일깨우기 위하여 몸을 태
운 문수스님을 비롯한 환경단체의 말을 경청하고 4대강 사업에
대하여 재고하기를 바라며 삼가 고인의 명복을 빈다. 덧붙여 모
든 사람들이 생명의 소중함을 깨닫기를 빌며 특히 자신의 생명이
더 소중함을 깨닫기를 빈다.

자살은 생명에
대한 모독

불교신문 2638호
2010.7.10

우리 축구사상 처음으로 월드컵 원정 16강에 들어가 온 나라가
축제 분위기였다. 이러한 때에 한류 스타 박용하씨가 자살함으로
인하여 온 나라를 슬픔에 잠기게 하였다. 박 씨는 한류스타로서
일본에도 많은 팬을 갖고 있어, 거기서도 눈물바다를 이루어 한
음식점에 마련된 빈소에는 이틀 만에 1000명이 넘는 조문객이 다
녀갔다고 한다. 박씨는 많은 사람들에게 아픔을 안겨주고 간 셈
이다. 삼가 조의를 표하고 왕생극락을 비는 바이다.

보도에 의하면 근래에 들어 자살하는 사람이 계속 늘고 있는 추
세이고 특히 연예인의 자살이 많다고 한다. 이를 염려한 원로 연
예인들이 "연예인의 자살은 사회에 대한 폭력이다"라고 말하며
생명을 함부로 하지 말 것을 당부하였다고 한다. 마음에 새길 말
씀이라고 생각한다. 자살은 왜 하는가? 생각나는 대로 몇 가지
사례를 짚어보니 권좌에서 물러나 새로운 권력으로부터 압력을

느낄 때, 타의에 의하여 직장에서 물러났을 때, 연예인이 인기에 불안을 느낄 때, 주목받던 교수가 연구 실적이 부진할 때, 사업이 부도 났을 때, 애인으로부터 버림받았을 때 등이 떠올랐다.

부모의 반대를 피하여 작은 절로 찾아와 주례를 맡아달라는 부탁을 거절할 수 없어 냉수 한 그릇 불전에 올리고 "이렇게 빈손으로 결혼식을 올리듯이 늘 빈손으로 돌아갈 수 있도록 기도하며 사십시오"라고 가장 짧고 뜻 깊은 결혼식 주례를 하였다는 얘기를 들은 적이 있다.

'공수래空手來 공수거空手去', 본래 빈손으로 왔다가 빈손으로 간다는 이치를 관찰한다면 무슨 잃어버릴 권력이 있으며 잃어버릴 재산·지식·명예가 있겠는가. 모든 것이 구름처럼 왔다가 가는 것 아니겠는가. 다만 소중한 것은 참다운 생명이다. 이 생명 에너지를 나는 불성, 자성, 한물건 등으로 표현한 것으로 이해하고 싶다.

스스로 자기 생명을 버리는 것은 불성종자를 버리는 것이고 생명의 근원을 끊어버리는 것이다. 깊이 생각하기를 빈다.

통도사 구룡지

—

'시냇물 소리는 부처님의 설법이요
산 빛은 부처님의 청정한 몸' 이라고 노래하였다.

재齋에 임하는
자세

불교신문 2645호
2010.8.4

최근 김두재씨가 옮긴 백파긍선 스님의 〈작법귀감〉이 백파사상연구소의 추천을 받아 동국대 출판부에서 출판됐다. 작법이란 옮긴이의 말과 같이 불교에서 통용되는 의식을 말하며 귀감이라는 것은 본보기이니 의식문의 모범이요, 규범이라는 의미를 담고 있다. 백파스님의 서문을 보면 그 당시에 유행하던 여러 가지 의식에 관한 문헌을 탐구하여 수록하되, 그 중에 잘못된 것을 바로잡아 요점을 간추리고 빠진 것을 보충하여 일관되게 하려고 노력하였다고 하면서 "의례는 세 가지 보시를 갖추어야 하고 이치는 육도를 포함해야 한다"고 했는데 매우 마음에 와닿는 말씀이다.

세 가지 보시란 재물보시와 법보시와 두려움이 없음을 베푸는 것이다. 이것을 사십구재四十九齋로 예를 들어보면 재齋를 올리는 재주齋主와 재를 주관하는 법사와 재물을 장만하는 사람 모두가 명심하여야 할 말씀이라고 생각한다. 재주는 마땅히 재에 소요될 모든 경비를 부담해야 할 것이니 재물보시를 실천하는 셈이다.

법사는 염불, 독경, 설법을 통하여 영가에게 부처님의 법어를 전달해야 할 것이니 법보시를 실천하는 셈이다. 재에 종사하는 모든 사람들은 경건한 마음으로 도량을 깨끗이 하고 몸을 깨끗이 하고 입을 마스크로 막은 다음 재에 사용될 음식을 만들어야 할 것이니 그 재에 사용될 음식을 만드는 장소를 정재소淨齋所라고 말할 만큼 정성을 다하여 음식을 만들고 재자齋者를 위하여 각종 편의를 제공하여 재회齋會가 무사히 끝나도록 뒷바라지를 함으로 두려움 없음을 베푸는 셈이다.

현수법장스님이 "보시는 만행의 으뜸이 되므로 이 보시 속에는 이미 육바라밀이 모두 갖추어져 있다"고 하신 것처럼 재를 정성껏 모시는 자체가 바로 바라밀행이 되도록 법회에 임해야 할 것이다. 의식집을 보면 그 내용이 좋아 거기에는 우리에게 바른 믿음을 주고 불교에 대한 이해를 도와줄 뿐만 아니라 어떤 삼매로 끌어들이는 힘이 있음을 느낀다. 많은 사람이 읽고 바른 믿음을 일으키기를 빈다.

추모다례의
참뜻

불교신문 2652호
2010.9.1

지난 8월 7일(음력 6월 27일) 통도사 주지와 강주를 지낸 홍법스님 입적 32주기를 맞이하여 추모다례를 올렸다. 스님은 선禪 교敎 율律을 두루 수학하신 분이다. 그러나 40대에 입적하신 스님을 30년이 넘도록 설법전에 가득할 정도로 많은 대중이 모여 그 분을 추모하는 것은 어른을 잘 섬기고 젊은 학인을 자비로 보살펴 주신 그 스님다움이 그 분을 잊지 못하게 하는 것이다.

제자들은 그분의 뜻을 이어받아 홍법장학회를 만들어 이 나라와 이 종단을 이어받을 내일의 지도자를 이끌, 인재들을 후원하고 있다.

올해도 장학금을 지불한 다음 상수제자인 통도사 주지 정우스님은 입적하신지 30년이 넘도록 스님을 추모하여 주신데 대하여 감사하며 "윤회의 도리로 말하면 지금쯤은 스님이 환생하여 30대의 청년이 되어 있을 터임으로 앞으로는 입적하신 날 별도로 추모하는 행사는 생략하고 이 날을 기하여 스님들에게 대중공양을 올리는 것으로써 대체하고 스님의 추모제는 봄과 가을에 지내는 산중도제山中都祭에서 같이 모시겠다"고 하였다.

매우 충격적이고 신선한 말로 들렸다. 돌이켜 생각하면 지금 전국의 사찰에서는 음력 7월 15일을 기하여 각자 선망부모를 천도하기 위하여 열심히 기도를 드리고 있는데, 그 기원을 보면 목련존자가 그 어머니를 천도하기 위하여 부처님의 가르침대로 대중스님에게 공양을 올린 것으로부터 시작되었음은 주지의 사실이다.

또 근래 불교계의 폐단의 하나는 열반한 스님의 제사에 모이는 사람의 숫자나 음식을 얼마나 차리느냐에 따라서 망승의 도력의 척도를 재는 잣대로 보고, 비석과 부도의 크기로서 고승의 기준이나 되는 듯이 착각하여 날이 갈수록 비석과 부도는 커져만 가고 추모제는 망승보다는 그 제자의 눈치를 보느라 눈도장 찍으러 가는 경우가 적지 않다. 이런 점에서 홍법스님 제자들의 결정은 매우 참신하고 하기 어려운 결정이었다.
홍법큰스님의 겸손하고 자애로움이 더 가까워졌음을 느낀다.

민중의
진짜 지팡이

불교신문 2660호
2010.10.6

이달 초 일본에서는 관동대지진 때 300여 명의 조선인의 생명을 구해낸 한 경찰관의 일화를 소개하며 경찰의 마음가짐을 교육시키고 있었다. 관동대지진이란 1923년 9월 1일 오전 11시 58분에 일본관동지방과 그 주변에 일어난 대지진으로서 사망자 9만명, 부상자 10만명이 넘는 대재난이었다.

수도인 도쿄東京의 피해가 극심하여 사망 5만명에, 소실 가옥이 30만호나 되었다. 문제는 여기서 그치지 않고 나라를 잃은 조선인이 원한을 품고 우물에 독약을 넣어 일본의 가미사마 신神이 진노하여 지진이 일어났다는 유언비어가 순식간에 유포되어 조선 사람은 잡히는 대로 죽음을 당하였다. 이미 야차로 변한 민중을 막을 자는 없었다.

이때 요코하마 쯔루미 경찰서장이었던 오오카와大川씨는 300여 명의 조선인을 경찰서로 불러와 그들을 보호하였다. 성난 군중이

조선 사람을 내어줄 것을 요구하였지만 오오카와 씨는 나를 넘어
뜨리기 전에는 단 한명도 내어줄 수 없다고 하면서 민중을 설득
하여 300명의 목숨을 구하였다.

뒷날 죽음을 면한 조선 사람이 오오카와 씨에게 보낸 감사의 편
지를 그 자손들은 가보처럼 자랑스럽게 생각하고 있지만 본인은
경찰로서 당연히 해야 할 일을 하였을 뿐이라고 겸손하였다고 한
다. 귀감이 될 경찰이라고 할 수 있을 것이다.

우리나라에서는 경찰관이 대중이 보는 앞에서 병원 직원을 구타
하여 중상을 입히는 어처구니없는 사건이 일어났다.
실종된 경찰의 정신은 최근에는 간부경찰이 자신의 아내를 토막
내어 죽였다는 사건까지 일어났다.

이러한 경찰이 국민의 생명을 지켜줄 수 있을지 걱정이 앞선다.
우선 자신의 가정부터 신뢰와 사랑과 용서로서 잘 지키고 국민의
생명과 재산을 지켜주는 민중의 지팡이로써 사명을 다하여 경찰
다운 경찰이 되기를 바란다.

살아 돌아온
광부

불교신문 2666호
2010.10.27

어제 오늘의 신문은 칠레 북쪽 아타카마사막 산호세광산에 매몰되었다가 69일 만에 살아 돌아오는 광부들의 이야기로 채워졌다. 이는 광부들이 69일 동안이나 지하 622미터 정도의 갱도의 70만 톤의 암석 아래 눌려 있으면서 살아남을 수 있었던 것은 그들이 이틀에 과자 반쪽 우유 반 컵으로 최대한 목숨을 부지하며 살려는 의지, 작업반장 우르수아의 위대한 리더쉽을 믿고 따르며 각자의 장기에 따라 정해진 소임에 충실한 협력정신, 대중이 정한 규칙에 따라 7시에 기상 샤워하기, 10시에 소등 취침하는 규칙적인 생활, 대통령을 비롯한 온 국민이 살아 돌아올 것을 믿고 최선을 다하여 구조작업을 진행한 것, 지상과 지하가 서로 믿고 베려하여 매몰된 광부들에게 심리적인 안정을 준 것 등을 들 수 있을 것이다.

특히 8월말 대통령과 연결된 첫 통화에서 "살려 달라"고 애원하는 말 대신 "사고 직전 지상으로 향한 광부들은 살아있습니까?"

라는 질문을 먼저 던질 정도로 남을 배려하고 이성을 잃지 않아 동료들에게 침착함과 믿음을 준 것이 큰 힘이 되었을 것임이 틀림없을 것이다.

33인을 모두 구해낸 순간 대통령과 광부, 온 국민이 하나가 되어 국가를 합창하여 칠레의 단결력을 과시하였다. 이 사건을 해결하는 과정을 지켜본 세계의 언론은 세바스티안 피녜라 대통령의 리더쉽으로 재난을 통하여 국민적인 단합을 이루어 낸 것이 인정되어 대통령의 입지가 강화되었다고 말하기도 하고, 매몰된 광부 중에 유일한 볼리비아인 광부 카를로스 마마니가 4번째로 구조됨으로써 두 나라의 우의가 깊어졌다고 말하기도 한다.

필자가 이 순간에 감동한 것은 칠레와 볼리비아의 대통령을 비롯한 양국 국민은 물론 2500명의 외신기자들이 달려가 이들의 구조 활동을 실시간으로 알림으로 전 세계인이 그들이 무사히 돌아오기를 기원하였다는 것이다. 살려는 마음과 살리려는 마음이 하나가 된 것이다.
이것이 공자가 말하는 인仁이고, 불교가 말하는 자비慈悲이고 기독교가 말하는 사랑愛이 아니겠는가.

자제공덕회의 봉사

불교신문 2673호
2010.11.20

적십자사에서 아이티 구호금을 저금하여 둔 사건으로 말이 많았다. 그 사건 때문에 다른 복지재단, 심지어 종교계에서 운영하는 자선사업에도 문제가 있다고 했다. 이런 사건이 터질 때마다 대만 자제공덕회의 구호활동을 생각하지 않을 수 없다.

2년 전 대애大愛방송국을 방문했을 때 들은 내용이다. 이 방송국을 짓는데 공금을 쓰지 않았다고 했다. 어떻게 한 푼도 사용하지 않고 이렇게 큰 방송국을 지을 수 있었을까. 대답은 간단했다. 자원봉사자들이 쓰레기통에서 재활용품을 분리수거하여 모은 돈으로 지었다고 했다. 식사비만 해도 꽤 될 텐데…. 그렇게 생각하며 식사비만 제하고 얼마나 모이겠느냐고 다시 물었더니 대답은 의외였다. 봉사단은 도시락을 갖고 오기 때문에 재활용품 판매대금은 한 푼도 새 나가는 일이 없다는 것이다. 뿐만 아니라 지구촌에서 갖가지 재난이 일어나면 제일 먼저 구호활동에 나가는 단체가 자제공덕회인데 그 때 쓰이는 경비도 개인이 지급하는 것이 원칙이라고 한다.

지금 굶어 죽는 북한 동포가 많다고 하지만 외국의 구호단체가 들어가 직접 굶주린 사람에게 물품을 전달하는 것을 북한 당국은 허락하지 않는다. 몇 년 전 미얀마가 해일로 인하여 재난을 당하고도 외국의 지원을 거절했다. 국민을 선동할까 두려웠을 것이다. 자제공덕회는 이들 나라에도 들어가 환영을 받으며 구호활동을 할 수 있었다고 한다. 이 단체는 사상, 이념, 종교를 초월하여 오직 도움을 필요로 하는 사람에게 도움을 준다. 오로지 상대의 입장이 되어 상대가 필요로 하는 것을 도와 줄 뿐이다. 심지어 어떤 곳에서는 예배를 드릴 곳이 없다는 얘기를 듣고 교회를 지어 준 적도 있다. 일방적으로 보여주는 봉사활동을 하는 것이 아니라 어려움에 처한 이들에게 가장 급한 것이 무엇인가 물어보고 그들이 필요로 하는 것을 아무 조건 없이 실천으로 옮기는 것이다.

모든 복지재단을 이렇게 운영하지는 못할 것이다. 그러나 적어도 그 정신만은 배워야 하지 않겠는가. 불교에서는 용도를 임의로 변경하여 사용하는 호용죄의 무서움을 말하고 있다.

— 통도사 석등

―――

"보시는 만행의 으뜸이 되므로 이 보시 속에는
이미 육바라밀이 모두 갖추어져 있다"고 하신 것처럼 재를 정성껏 모시는
자체가 바로 바라밀행이 되도록 법회에 임해야 할 것이다.

달라이라마

불교신문 2690호
2010.12.15

오늘 동국대학교(경주) 종강법회에 갔다가 지난 11월 8일 달라이라마 14세 동대사법회 때 촬영한 사진을 받았다. 존자님의 환한 얼굴에 나도 동화된 듯하여 주위의 사람들이 "완전히 성형 수술한 얼굴"이라고 놀리는 소리가 싫지도 않았고, 한 달 전에 있었던 일들이 어제의 일처럼 떠올랐다.

일본 동대사 뒤뜰에서 잔비를 맞으며 존자님을 기다리던 마음, 추운 날씨에 노천에서 2시간이나 기침을 거듭하면서도 지난 세기를 과학 기술의 발전으로 생활의 질을 높이긴 하였으나 전쟁으로 죄 없는 많은 사람을 죽음으로 내몬 얼룩진 시대였다고 회상했다. 그 날의 주제였던 '평화와 환경을 위하여 우리는 무엇을 하여야 할 것인가' 하는 문제는 인식의 전환으로부터 시작된다고 진단하고, 모든 인류가 서로 상대를 죽이고 내가 일어서려고 할 것이 아니라 서로가 상생관계에 있음을 자각하여야 하며 자연과 인간의 관계도 서로가 상생관계라고 강조하였다. 그는 인자한 고승이고 평화주의자이고 자연을 아끼고 사랑하는 종교인이다.

그러나 존자께서 진지한 설법을 하면서도 통역하는 동안에 때로는 익살을 부리고 때로는 청중들과 눈맞추기를 하면서 웃어 보이기도 하는 그 순간에도 존자의 뒤편과 양옆에는 거의 부동자세로 서 있는 사람이 있었다. 블랙박스를 들고 서 있는 사람도 있었다. 그 무거운 것을 좀 내려놓아도 좋으련만 하는 생각도 들었다. 존자는 정말 자유인이 되고 싶고 순수한 종교지도자가 되고 싶지만 티베트의 현실은 그를 왕으로 모시고 엄중히 호위하고 있음을 느낄 수 있었다.

얼마 전 뉴스를 들으니 그는 6개월 이내에 국왕으로서의 모든 권력에서 은퇴할 것이라고 하였다. 그러면 그는 평범한 노스님으로 돌아갈 것이다. 그 때는 엄중한 호위를 받지 않아도 몸과 마음이 편하게 자유롭게 움직일 수 있기를 빈다.
대한민국도 그를 편안하게 받아드릴 수 있고 중국도 그를 한 노스님으로 받아들일 수 있을 것이다. 그때의 만남이 진정한 인간의 만남이 될 것이다.

신묘년
종교계에 바란다

불교신문 2686호
2011.1.8

최근 뉴스를 보니 자기 업체의 빵을 많이 팔기 위하여 경쟁업체에 타격을 주려고 직원들이 퇴근한 뒤에 쥐 넣은 빵을 굽고 아들에게 빵을 사오게 시켜 영수증 봉투와 함께 촬영하여 벌인 '쥐식빵 자작극' 때문에 모든 식빵의 연말대목이 날아갔다고 한다. 물론 범인이 속한 빵집 브랜드의 매출도 작년보다 18%나 줄었다고 한다.

종교계도 비슷한 전철을 밟지 않나 걱정이다. 최근 교세가 위축된 기독교계가 불교 때리기에 나서 봉은사 땅밟기, 울산역 명칭에 통도사 병기 반대운동 등은 이성을 잃은 행동이었다. 우연히 대구 기독교 총연맹이 만들었다는 영상물을 보았다. 내용은 대충 아래와 같다.

'대구의 옛 이름은 '달구벌로서 밝음의 땅' 이라는 뜻으로서 평화로운 땅이었다. 그러한 곳에 극달 화상이 북지장사와 동화사를 세움으로 사탄의 땅이 되었다. 1988년 굿판을 벌이고 1992년 통일대불을 세우고 불교대학이 생김으로부터 가스폭발사고, 지하철사고, 교회분열, 인구감소, 이혼율 전국최고, 강력범죄가 심해졌다. 이것을 좌시할 수 없어 불교테마공원조성반대 대책위원회를 조직하여 우상숭배를 타파하자고 하면서 모든 기독교인에게 '1.이 땅에 사탄숭배가 끊어지도록 2.전국적인 불교테마공원이 법률적으로 금지되기를 3.템플스테이 예산이 정지되도록 4.대구가 새 예루살렘으로 회복되도록 기도합시다' 라는 기도제목을 권장하고 있었다.

이렇게 하면 결국 모든 국민이 종교에 대하여 혐오감을 느낄 것이다. 그렇게 양심의 마지막 보루라는 종교가 불신과 혐오의 대상이 되면 국민은 정신적 공백에 빠질 것이다. 옛 사람이 말씀하시기를 '하늘이 주는 재앙은 오히려 피할 수 있지만 스스로 만드는 재앙은 살아날 길이 없다' 고 하였다. 그러한 의미에서 연말에 불교계에서 예수의 탄생을 축하하여준 것은 "원한을 덕으로서 갚으라"는 성인의 가르침에 잘 합치되는 행동이다. 이러한 정신으로 새해에는 종교계부터 화합된 모습을 보이기를 바란다.

침묵의
힘

불교신문 2692호
2011.1.29

지난 1월 8일 미국 애리조나 주 투산의 한 쇼핑센터에서 제러드 리 러프너란 청년이 개브리얼 기퍼즈 민주당 연방 하원의원을 향하여 권총을 난사하여 기퍼즈 의원은 머리에 총상을 입고 6명이 죽고 14명이 부상하는 사건이 발생하였다.

이러한 사건이 발생한 배경에는 담론이 양극화하고 세상의 모든 문제가 자신과 다른 생각을 가진 사람들 때문이라고 생각하는 사람들이 대중을 선동하여 극단적인 대결구도를 만들어 자극적인 말과 독설, 심지어 물리적 힘으로 상대를 공격하려는데 있다고 한다.

오바마는 12일 이곳을 방문하여 '상대를 존중하자' 는 요지의 추모연설을 하는 도중에 총탄에 숨진 9세의 크리스티나 그린을 이야기하다가 또래의 아이를 둔 부모의 마음으로 돌아가 말을 잇지 못하고 51초간 침묵하다가 눈물을 삼키며 미국의 단결과 독설 자재를 호소하여 '51초의 침묵이 미국을 단합시켰다' 는 평을 들어 평소 그를 비방하던 사람들도 그의 연설을 극찬하였다고 한다.

연설 도중 침묵의 힘을 이용하여 감명을 준 정치인이 많다고 한다. 일본 원주민 아이누족 출신으로서 처음으로 참의원이 된 가야노 시게루는 의회를 떠나며 "수렵민족은 땅거미가 지기 전에 마을로 돌아가야 합니다" 라고 함축성 있는 한 마디만 남기고 고향으로 돌아갔다고 한다. 여백의 의미가 깊은 감동을 준다.

불교에는 '유마의 침묵이 우레와 같다' 는 말이 있다. 이는《유마경》입불이법문품入不二法門品에서 32명의 대사가 각각 자기가 깨달은 둘이 없는 경계를 설하는데 마지막으로 문수보살이 유마대사의 견해를 묻자 유마대사는 '묵연히 말이 없었다.'

문수가 찬탄하여 말하기를 "착하고 착하다. 문자와 언어(로 표현할 수) 없음이 참으로 둘이 없는 법문에 듦입니다."라고 말한 것에서 비롯된다. 참다운 도는 말재주나 사량 분별을 떠나 있는 것이다.

임금을
세우는 과정

불교신문 2700호
2011.3.5

요즘 뉴스를 보면 첫 번째 뉴스는 언제나 리비아 사태이다. 국민들은 40년 독재에 지쳐 현직 대통령인 카다피를 몰아내기 전에는 끝까지 투쟁할 자세인데, 대통령은 리비아를 위하여 자신을 지켜달라고 연일 강경 발언을 쏟아내고 발포를 명하고 미사일까지 동원하여 천 명이 넘는 사람이 목숨을 잃었다고 한다.

이를 보다 못한 군인 경찰 등도 데모의 대열에 합류하는 사람이 늘어나고, 국토의 반이 시위대의 손에 들어가고 대통령의 최측근들까지도 사표를 던지고 시위대의 주장에 참석하고, 일가친척까지도 중요 직책에서 물러나고, 아들딸까지도 자기 살길을 모색하려고 하는 마당에, 카다피는 물러날 생각은 하지 않고 부당하게 횡령한 수천 금을 풀어 돈을 주고 품팔이 군인을 사와서 시위대를 향하여 발포하여 시위대의 손에 들어간 기지를 탈환하였다고 개가를 부른다니 이쯤 되면 대통령이 이미 나라의 적이 된 셈이다 어떤 사람이 맹자에게 탕湯이 걸桀을 내쫓고 무왕이 주紂를 징벌한 것은 신하로서 임금을 시해弑害한 것이 아니냐고 묻자 맹자는 "백성을 사랑하는 마음이 없고 정의에 반하는 행동을 하는 군주는 잔혹한 도적질을 하는 한 지아비에 불과하다. 나는 한 지아비를 죽였다는 소리는 들었지만 군주를 시해하였다는 말은 듣지 못했다" 고 하였다.

2000년 전 전제주의 시대에 활약한 사상가도 이러한 말을 하였는데 자신의 측근들에게 요직을 두루 맡겨 (아마 그의 눈에는 자기 아들딸이 가장 적격자이었을 것이다.) 죽기 전에는 물러나지 않겠다니 그는 이미 공인이라 할 수 없다. 하루속히 물러나 리비아가 평안을 찾도록 하여야 할 것이다.

《기세경》에는 백성의 필요에 의하여 임금을 세우는 과정을 잘 설명하고 있다. 백성을 편안하게 잘 살도록 하기 위하여 정부가 필요한 것이지 특정인이 권력을 휘두르기 위하여 정부가 있는 것은 아니다. 모든 정치인을 비롯하여 각계의 지도자들은 이번 사건을 계기로 깊이 생각해 보아야 할 것이다.

계율 제정의
이유

불교신문 2708호
2011.4.2

부처님이 열반에 드시자 많은 제자들은 하늘이 무너진 듯하고 땅이 꺼진 것 같아 슬픔을 이길 수 없었다고 합니다. 이때 나이는 많지만 늦게 출가한 한 비구가 "여러분 근심하지 마십시오. '이것은 하여야 한다. 이것은 하면 아니 된다'라고 잔소리 많던 부처님이 돌아가셨으니 지금부터는 우리들이 하고 싶은 대로 하면 됩니다"라고 소리쳤습니다.

이 말을 들은 상수제자인 가섭존자는 교단의 장래를 걱정하여 3개월 뒤에 필발라국 칠엽굴에서 500명의 아라한을 초청해 부처님의 가르침을 편집하였는데 이 제1결집 때 율장부터 먼저 결집했습니다. 그 이유는 계율이 불법의 기본이 되기 때문입니다. 그 율장에서 계율을 제정한 열 가지 이유를 밝히고 있습니다. 대충 열거하면 아래와 같습니다.

첫째, 대중을 감싸 안아 주기 위함이다. 둘째, 대중을 화합시키기 위함이다. 셋째, 대중을 편안하게 하기 위함이다. 넷째, 길들이기 어려운 사람을 길들이기 위함이다. 다섯째, 뉘우치고 부끄러워하는 자를 편안하게 하기 위함이다. 여섯째, 아직 불법을 믿지 못하는 자를 믿게 하기 위함이다. 일곱째, 이미 믿는 사람에게 믿는 마음을 증장시키기 위함이다. 여덟째, 현재 세상의 번뇌를 끊기 위함이다. 아홉째, 후세의 탐욕으로 인한 나쁜 업을 끊기 위함이다. 열째, 올바른 법이 오래 머물도록 하기 위함이다.

천재, 지변, 전쟁 등 모든 것이 불안하고 확실하지 않은 이때 부처님의 계를 받아 부처님의 품 안에 안겨, 서로 화합하고 편안한 생활을 즐기며, 길들이기 어려운 사람을 계율로써 길들이며, 허물을 뉘우치고, 아직 불법을 믿지 못하는 사람은 믿도록 가르치고, 이미 불교를 믿는 사람은 신심을 북돋아 주며, 현세의 근심 걱정을 끊고, 후세의 업장을 만들지 않도록 각자가 노력하여 불법이 세상에 오래 머물기를 발원합니다.

영산전 다보탑 벽화

하나를 지키는 것은 매우 중요하다.
참선을 하든지, 염불을 하든지, 기도를 하든지
하나를 지키는 수행이 중요한 것은 말할 것도 없다.

하나를
지켜라

—
불교신문 2717호
2011.5.4

중국의 북주(557~580) 시대에 위수의 언저리에 살고 있던 이름도
없는 한 법사가 말했다. "법의 세계에서 마음대로 살던 보배로운
사람이 있었다. 오랫동안 입을 봉하고 그 가슴에 새기기를 '옛날
에 마음을 다스리던 사람이다' 라고 하였으니 조심하고 조심하
라. 많이 생각하지 말고 많이 알지 말라. 아는 것이 많으면 일이
많으니 마음을 쉬는 것만 못하고 생각이 많으면 잃는 것이 많으
니 하나를 지키는 것만 못하다. 생각이 많으면 뜻이 흐트러지고
아는 것이 많으면 마음이 어지러워진다. 마음이 어지러우면 번뇌
가 일어나고 뜻이 흩어지면 도에 장애가 된다."

하나를 지키는 것은 매우 중요하다. 참선을 하든지, 염불을 하든
지, 기도를 하든지 하나를 지키는 수행이 중요한 것은 말할 것도
없다. 더 나아가서 설법 교화를 하든지 강의를 하든지 종무를 보
든지 이러한 자세를 잃지 않도록 노력하여야 할 것이다.

수행자에게 있어서 수행은 '중생을 이롭게 하기 위하여' 라는 원력을 세우고 그것을 실천할 수 있는 힘을 쌓기 위한 것이지만 우선은 자신의 내공을 쌓기 위한 것이다. 외호 대중의 외호를 받고 방장 조실의 지도를 받으며 자기 향상을 위하여 전념하면 된다.

총림에서 종무를 맡는 것은 본인이 스스로 대중을 위하여 봉사하겠다는 원력도 있어야 하고 임명권자나 대중이 그것을 바랄 때 비로소 종무를 볼 수 있는 것이다. 이것은 어디까지나 대중을 위하여 헌신하는 것이다. 만약에 임명권자가 임명하여주지도 않고 대중도 내가 봉사하여 주기를 바라지 않는다면 이때는 내가 스스로 하나를 지키는 공부를 더 하라는 부처님의 명령으로 받아들여야 할 것이다.

작년에 황정견(1045~1105)의 작품이 770억 원에 팔려 세상을 놀라게 하였는데 그는 북송을 대표하는 문인이고 서예가였지만 불교에 대한 신심과 원력이 소동파를 감동케 하였고 스님들도 그의 사람됨을 존경하여 스님들이 사미과에서 배우는 치문에도 그의 호를 딴 산곡거사황태사발원문이 실려 있다. 공직을 둘러싼 오늘 우리들의 모습이 소동파나 황태사의 눈에는 어떻게 비칠까. 스스로 부끄러워하는 바이다.

계 범하는 '손해'
지니는 '공덕'

불교신문 2725호
2011.6.8

《유행경遊行經》에는 계戒를 범하는 손해에 대해서 "1 재물을 구하
더라도 원하는 것을 이루지 못한다. 2 비록 얻는 것이 있더라도
날로 점점 없어진다. 3 이르는 곳마다 사람들의 존경을 받지 못
한다. 4 추한 이름과 나쁜 소문이 천하에 퍼진다. 5 목숨을 마쳐
죽은 뒤에는 지옥에 들어간다."

또 계를 지니는 공덕에 대해서 "1 모든 구하는 것이 뜻대로 된다.
2 소유한 재산이 더욱 불어나 손실이 없다. 3 가는 곳마다 사람
의 존경과 사랑을 받는다. 4 좋은 이름과 착한 명예가 천하에 두
루 들린다. 5 목숨을 마친 뒤에는 반드시 천상에 태어난다."

〈범망경〉에서는 계를 파하는 손실에 대하여 '십중대계를 범하면
이 몸으로 올바른 깨달음을 이루겠다는 보리심을 일으키지 못할
것이며, 국왕의 자리와 전륜왕의 지위를 잃을 것이며, 비구와 비
구니의 지위를 잃을 것이며, 십주, 십행, 십회향, 십지와 불성佛性

이 상주하는 묘과妙果를 모두 잃어버리고, 삼악도에 떨어져 이겁, 삼겁이 지나도록 부모와 스승의 이름도 듣지 못할 것"이라고 말하고 계를 지니는 공덕에 대해서 "첫 번째는 시방 세계의 부처님께서 연민히 여기시사 항상 지켜주시고, 두 번째는 목숨이 마칠 때 올바른 소견으로 마음이 기쁘고 즐거울 것이고, 세 번째는 세세생생 나는 곳마다 모든 보살들의 도반이 될 것이요, 네 번째는 공덕이 모이고 쌓여 지계의 바라밀을 모두 다 성취할 것이요, 다섯 번째는 금생이나 후생에 성스러운 계를 지켜서 복덕과 지혜가 원만하리라' 라고 하였습니다.

위에서 뚜렷이 드러나는 것은 《범망경》에서는 계를 파하는 손실에 대하여 '보리심을 일으키지 못할 것'과 '불성이 상주하는 묘과를 모두 잃어버리고, 삼악도에 떨어져 이겁, 삼겁이 지나도록 부모와 스승의 이름도 듣지 못할 것'을 염려하였고, 그 이익에 대해서는 '시방 세계의 부처님께서 연민히 여기시사 항상 지켜주심' 이라고 하였습니다.
한 마디로 대승계는 대승의 교리에 바탕한 것으로서 여기에 대해서 부정적인 생각을 갖는 것은 바로 대승에 대한 부정이라고 할 수 있습니다.

병매관기病梅館記

불교신문 2733호
2011.7.6

얼마 전 제주도에 있는 '생각하는 정원'을 둘러보았다. 이 정원은 성범영成範永 원장이 반세기 동안 불모지에 심혈을 기울여 이룩한 정원으로서 '세상에서 가장 아름다운 정원', '철학이 있는 정원' 등 갖가지 칭찬을 받는 정원이다.

우리가 방문한 날은 태풍이 지나간 직후였기 때문에 일부의 작품은 피난을 보내어 텅 비어 있었고 바람에 넘어진 나무도 있었지만 전체적으로 아늑한 분위기에서 작품을 감상할 수 있었다. 관람을 마치고 나오다 성범영 원장을 만났는데 아주 천진한 시골 농부의 차림으로서 작업 중이었다.

우리를 안내하여 이 정원을 만들게 된 동기와 중요방문객, 자신의 분재 철학에 대하여 꾸밈없이 설명하며 관련 자료도 주었다. 그중에 전 〈인민일보〉 총편집장 판징이씨와 나눈 병매관기에 대한 이야기가 나왔다.

병매관기病梅館記란 청나라 말 선종황제 때에 경세經世사상가로서 활동한 공자진自珍(1792~1841)이 지은 글로써, 있는 그대로 두면 잘 자랄 수 있는 매화를 인위적으로 굽히고 잘라 기이한 형태를 만들어 즐기고 있는 분재盆栽를 소재로 하여 청나라 정부가 인재 人才들을 정부의 뜻대로 교육시키려는 죄악성을 일깨우려는 내용 이다.

그러나 성원장의 분재관은 달랐다. 성원장은 분재라는 것은 식물을 고통스럽게 하는 것이 아니고 나무의 불필요한 부분을 잘라줌으로 도리어 좁은 공간 속에서 잘 적응하면서 살아갈 수 있는 환경을 만들어 준다는 것이다. 인간도 교육 없이 제멋대로 방임하여 놓아두면 쓸모없는 인간이 되지만 훌륭한 선생이 잘 지도 편달함으로 훌륭한 인재로 키울 수 있다는 것이다.

그래서 판징이씨는 새로운 병매관기를 쓰게 되었다는 것이었다. 이를 계기로 나의 분재에 대한 생각도 조금은 바뀌었다. 뿐만 아니라 세상만사 모든 것이 보는 사람에 따라, 혹은 보는 각도에 따라서 전혀 다르게도 볼 수 있다는 것이다. 그래서 성인이 "입장을 바꾸어서 생각하여 보라"고 하신 것이다.

홍문을 경유하여
금산에 오르다

불교신문 2741호
2011. 8. 10

금산錦山에는 다음과 같은 전설이 있다. 금산의 옛 이름은 보광산普光山이었는데 임금이 되고 싶은 이성계가 이곳에 와서 기도를 드렸더니 부처님이 나타나서 "내가 네 소원을 들어주면 그대는 무엇으로 은혜를 갚겠느냐"고 묻자 "당신의 온몸을 비단으로 덮겠습니다"라고 대답하였다.

뒷날 조선의 왕이 된 이성계는 부처님과 한 약속을 어떻게 지켜야할지 고민하게 되었다. 그때 어떤 신하가 산 이름에 '비단' 이라는 글자를 넣어 주면 될 것이라고 건의하여 '금산錦山'이 되었다는 것이다. 기도하던 여가에 상봉에 올랐더니 "홍문을 경유하여 금산에 올랐다. 由虹門 上錦山" 글귀가 커다란 바위에 커다란 글씨로 새겨져 있었다. 옆에는 조금 작은 글씨로 「由虹門 上錦山」이라고 새긴 과정을 1538년에 전 한림학사 주세붕周世鵬이 계행戒行스님과 홍문을 경유하여 상봉에 오른 것을 기념하여 한림학사의 아들이 글을 적고 스님이 바위에 새겼다는 내용이었다.

만 가지 생각이 교차하였다. 지금은 보리암 가는 길이 잘 닦아져 있어 자동차를 타고 보리암 뒷산을 넘어 조금만 걸어서 내려가면 도착할 수 있지만 1970년대에는 상주 쪽에서 한 시간 이상 걸어서 올라야 했다.

그 당시 여기서 종종 기도를 모시던 나도 자주 이 길을 오르내렸다. 그러나 그 보다 더 이전에 사람이 손대기 이전의 본래의 홍문은 마치 산 위에 구멍이 뚫린 듯 신비스럽게 보였다. 무지개가 선 듯하다는 뜻으로 홍문虹門이라고도 하고 쌍무지개 같이 보인다는 뜻으로 쌍홍문雙虹門이라고도 하였다.

그 험난할 길을 만년의 주세붕 일행이 통과하여 금산에 오르던 감회가 새로웠을 것이다. 소문에 의하면 그 홍문을 크게 만들어 길을 만들자 시인 설창수는 자주 찾던 금산에 발길을 끊었다는 말이 전한다. 만약 그들이 살아 있다면 지금 이 편리한 길을 보고 무어라고 말할까. 편리하여 쉽게 갈 수 있어 좋았지만, 한편으로는 옛날 불편하던 시절이 그립기도 하였다.

동자승

불교신문 2749호
2011.9.7

얼마 전에 담양에 있는 용화사에 다녀왔다. 그곳은 태고종 전계사 수진스님이 주석하고 있는 절인데 동자승들이 20명 가까이 있었다. 아침에는 가사를 수하고 아주 천진하고 힘차게 예불을 올리고 낮에는 학교에 다닌다고 하는데 그 천진난만한 모습이 매우 좋았다.

조계종에서는 부처님오신날을 축하하는 행사의 하나로서 한 달 정도 단기출가의 동자승은 보았으나 동진으로 출가하여 정식으로 스님이 된 사람은 매우 보기 힘든 실정이다. 아마도 출가의 조건으로 '고등학교 졸업' 이상의 학력이 있어야 한다는 조항이 있기 때문일 것이다.

불교는 만민에게 평등한 종교다. 출가의 조건으로 학력이나 연령에 제한을 두지 않는 것이 옳다고 생각한다. 다만 현실적으로 여러 가지 문제가 야기됨으로 그러한 폐단을 막기 위하여 나이와 학력에 제한을 두었으나 지금은 대부분의 출가자가 고졸 이상이고 출가자의 수는 나날이 줄고 있다. 이를 타개하기 위함인지 요즘 신문에 '행자님 모십니다'라는 광고를 본 적이 있다.

차라리 종단적인 차원에서 행자를 모집하여 중학교 과정을 졸업시키고 사미계를, 고등학교 과정을 졸업시킨 다음에 비구계를 받게 하고 더 나아가 부모로부터 학대받는 어린이들을 스님들이 키울 수 있는 길을 찾아 인간방생도 하고 동진출가의 전통을 잇도록 하는 것이 좋겠다는 생각을 해 보았다.

전국 대부분의 절에서 아침 예불 뒤 축원에는 운허스님이 번역하신 이산연怡山然선사의 발원문을 외우고 있는데 "아이로서 출가하여 귀와 눈이 총명하고 말과 뜻이 진실하여 세상일에 물 안 들고 청정범행 닦고 닦아 서리 같이 엄한 계율 털끝인들 범할 손가"를 외운다.

내생이라도 그렇게 되기를 발원하고 있는 셈이다. 내생에 그렇게 되기를 발원한다면 지금부터 그러한 씨앗을 뿌리고 토양을 마련하여야 할 것이다.

— 통도사 서운암

세상만사 모든 것이 보는 사람에 따라
혹은 보는 각도에 따라서 전혀 다르게도 볼 수 있다는 것이다.
그래서 성인이 "입장을 바꾸어서 생각하여 보라"고 하신 것이다.

백두산을
다녀와서

불교신문 2757호
2011.10.8

며칠 전 민족의 성산聖山인 백두산白頭山을 다녀왔다. 구름 한 점 없는 백두산의 모습은 말 그대로 기이한 바위로 에워싼 기산奇山이고 신비로운 기가 서리고 있는 신산神山이며 성스러운 성산聖山이었다. 이 산을 삼국시대에는 태백산太白山이라고 불렀다.

〈삼국유사三國遺事〉에는 "고기古記에서 말하였다. 옛날 환인桓因(제석천왕을 말함)의 서자庶子인 환웅桓雄이 풍백風伯 우사雨師 운사雲師 등 3000인을 거느리고 태백산太伯山 정상 신단목神檀木 아래에 내리시어 신시神市를 세우고 널리 인간을 이롭게 하는 도리弘益人間로서 나라를 다스렸다"라고 하였다.

원주原註에는 여기서 말하는 태백산은 지금의 묘향산을 말한다고 하고, 강원도 황지黃池에도 태백산이 있지만 대부분의 우리 민족은 단군신화에 나오는 태백산은 지금의 백두산을 말한다고 믿고 있다.

여행가이드의 말에 의하면 10년 전까지만 하여도 백두산 관광객
은 1년에 5만 명 정도로 거의 100% 대한민국 사람이었는데, 지금
은 대한민국의 관광객은 같은 수준에 머물고 있지만 중국정부가
이른 바 '동북공정'이라는 말을 만들어 옛날 고구려 발해를 중국
의 지방정권이라고 엉터리 주장을 펼치며 백두산의 중국 이름인
장백산長白山을 중국의 십대명산이라고 선전한 이후로 중국인의
관광객은 해마다 늘어나 지금은 50만을 넘는다.
이렇게 되자 이전에 연길 조선족자치구에게 주었던 관리권을 빼
앗아 길림성에서 직영하면서 조선족의 자치권을 빼앗고 여기에
투자한 한국인도 손을 떼도록 압박하여 물러나게 하여 한국 기업
은 거의 모두가 철수하였다고 말하였다.

지금은 여행객의 차는 입구에 머물게 하고 순환 버스를 이용하여
산 밑까지 가서 사륜구동 자동차를 타고 정상에 오르는데, 그 굽
이굽이 위험한 길을 어찌나 고속으로 달리는지 간담이 서늘할 지
경이었다. 하루속히 조국이 통일되어 목숨을 건 여행은 그만하고
당당하게 우리 땅을 밟고 백두산에 오를 날이 오기를 기원한다.

화엄산림법회와
통도사

불교신문 2772호
2011.11.30

음력 동짓달 초하루부터 그믐까지 한 달간 통도사에서는 해마다 화엄산림법회를 진행하고 있다. 절에서 흔히 '살림'이라고 발음되는 말은 소리하기 편한 데로 말하는 것으로서 한자로는 '산림山林'이라고 쓴다. 그 뜻은 '최절인아산摧折人我山 장양공덕림長養功德林'이라는 말에서 따온 것으로 '너다 나다 잘난체하는 아상과 교만의 산을 허물고 공덕의 숲을 잘 가꾸라'는 뜻이다. 화엄이란 《대방광불화엄경大方廣佛華嚴經》의 줄인 말이다.

따라서 화엄산림이라고 하면 대방광의 진리를 깨달으신 부처님의 과덕果德과 인행因行이 두루 설하여진 《대방광불화엄경》 법문을 듣고 마음에 지녀 독송하며 사경하고 해설함으로써 화엄의 진리를 체득하여 내가 잘났다는 아상을 버리고 공덕을 키워가는 법회라는 뜻이다.

근래 통도사의 화엄법회는 경봉鏡峰스님으로부터 시작되는데 스님은 정묘년(1927) 음력 11월 20일 화엄산림법회 중에 큰 깨달음을 얻었다고 한다. 그러나 더 거슬러 올라가면 통도사의 화엄법회는 창건주인 자장慈藏 대국통大國統으로 올라간다. 자장스님은 우리 불교사상 최초로 당나라 태종으로부터 대장경을 갖고 돌아와 통도사에 봉안하고 자신의 출가와 함께 자신의 집을 희사하여 만들었던 원녕사를 당으로부터 귀국한 뒤에 확장하여 낙성하는 기념으로 화엄법회를 열었는데 52명의 여인이 나타나 법문을 듣고 깨달음을 얻었다.

자장 대국통은 이를 기념하여 52그루의 나무를 심고 지식수知識樹라고 불렀다고 한다. 다시 말하면 자장 대국통은 율사로 알지만 사실은 우리나라에 화엄법회를 최초로 연 화엄법사이고 백골관을 열심히 수련한 선승禪僧이다.

현재의 통도사 가람배치도 상노전은 사리탑 즉, 금강계단을 중심으로 한 계율근본도량이고, 중노전은 대광명전, 용화전, 관음전으로 연결되는 화엄도량인 셈이니 이를 자각하여 매년 보살계법회와 화엄법회를 열어 창건주의 사상을 이어오고 있는 셈이다.

십선계 十善戒

불교신문 2780호
2011.12.28

얼마 전 범망경 보살계 이야기 〈꽃향기도 훔지지 말라〉라는 책을 읽어 본 사람이 "스님이 아무리 술의 해독을 말해도 나는 술을 마시겠다."는 사람이 있었다.

엊그제는 오계를 설하였더니 한 사람이 "지금 대다수의 사람이 술을 마시는데 술을 마시지 말라고 하면 되겠느냐"고 질책하듯이 말했다. 지금 술에 대한 피해가 계속 발표되어 술과 담배는 끊는 사람이 늘어나는 추세이지만, 어린 학생을 비롯한 미성년자와 여성 그리고 종교인의 흡연자는 늘고 있다는 이야기를 들은 적이 있다. 이것은 건강을 위하여 금연禁煙 금주禁酒하는 사람은 늘고 있는 추세이지만 종교적인 윤리나 세간의 이목 때문에 금연 금주하던 사람들은 그 얽매임으로부터 벗어나고 싶은 심정인 것 같다.

이러한 사정 때문에 불음주계에 대해서는 어떻게 말할까하고 망설일 때가 많다. 그 때 마침 중앙승가대학교 원우회 소속인 현송, 법운, 서일스님이 십선실천운동본부에서 발행한 십선도十善道라는 책을 가져왔다.

내용을 살펴보니 '살생을 하지 말라. 도둑질을 하지 말라. 삿된 음행을 하지 말라. 거짓말을 하지 말라. 속이는 말을 하지 말라. 이간하는 말을 하지 말라. 악한 말을 하지 말라. 탐내는 마음을 내지 말라. 화내는 마음을 내지 말라. 어리석은 마음(사견)을 내지 말라' 는 십선계였다.

여기에는 불음주계는 없지만 올바른 몸가짐, 올바른 언어생활, 올바른 마음가짐이 있고, 십악을 끊고 십선을 행하는 윤리도덕이 모두 갖추어 있으니 이 운동이 널리 퍼지길 바란다.

또한 송구영신의 계절에 즈음하여 신묘년을 보냄과 함께 구악인 십악은 없어지고 임진년을 맞이함과 동시에 십선을 실시하여 불자를 위시하여 모든 사람들이 건강하고 복된 한해를 맞이하시길 기원한다.

십자가
대신 卍

불교신문 2788호
2012.2.4

지난 주말 유력 일간지에 '십자가 대신 卍—교회가 사찰로 바뀌었네'라는 기사가 있었다. 내용을 읽어보니 근래에 몇 개의 교회가 경영난에 쪼들려 매물로 나온 것을 불교 측에서 인수하여 사찰로 바뀐 사례를 열거하였다.(이는 아마 그 반대의 경우도 제법 있을 것이다.)

그런데 이날 신문에는 그 중에서 대표적인 한 건물을 게재揭載하고 "교회에서 사찰로 바뀐 서울 동대문구의 한 건물, 이 건물에는 여전히 교회 간판이 걸려 있고 교회 첨탑에는 십자가 대신 불교를 상징하는 만卍자 표시가 걸려 있다"라고 설명까지 붙이고 있다.

이 기사를 읽고 따라서 기뻐하는 마음이 일어났다. 불자로서 교회가 절로 변한 것을 기뻐하였다는 뜻이 아니다.

요즘 세상에서는 나라일이건 절일이건 책임자가 바뀌면 앞 사람이 하던 일은 모두 백지로 만들어 버리거나 혹은 허물어 버리고 자기 빛깔을 내려고 한다. 그러나 사실은 그 사이에 막대한 물자와 시간만 낭비하고 그 구성원들은 물심양면으로 많은 고통을 겪고 파벌을 만들어 서로 반목하게 만든다.

그런데도 이 포교원은 교회의 상징인 첨탑도 그대로 두고 십자가十字架도 그대로 둔 채 기존의 십十에 같은 두께 같은 색의 철빔 4개를 덧붙여 만卍자를 만드는 기지를 발휘하여 기존의 교회 건물을 최대한 활용하여 사찰로 만들었다고 하니 물자를 아끼고 절로 만들었다는 것에 수희 동참하는 바이고 이는 대승 불교의 교리에도 잘 부합함으로 수희 동참하는 바이다.

대승의 교리는 번뇌를 끊고 보리(깨달음)를 증득하는 것이 아니고 번뇌의 성품이 공한 줄 알면 그 자리가 바로 보리이다. 그러므로 이러한 사람에게는 삼독三毒을 만나면 삼덕三德이 원만한 것이다. 앞으로 이 절이 모든 사람을 수용하여 다툼이 많은 이 세계를 다툼이 없는 세계로 인도할 수 있는 절이 되길 빈다.

/

아호雅號
석전石顚

불교신문 2803호
2012.3.28

지난 음력 2월 29일은 석전石顚 박한영朴漢永(1870~1948)스님이
입적한지 64주기였다. 석전石顚스님은 개화기 한국불교의 대강백
으로서, 대원불교강원 강주, 중앙불교전문학교장, 교정教正으로
서, 대한불교의 근대화와 민족의 독립을 위해 노력한 큰 어른이
셨다.

석전스님은 선교율에 달통하였을 뿐만 아니라 경사자집經史子集
을 두루 섭렵하였고 명승지의 산천 풍토 인물로부터 농사짓고 공
기구를 만들며 장사하는 일, 심지어 가요와 폐관문학에 이르기까
지 모르는 것이 없었다. 한때는 남루한 차림으로 금강산의 어떤
암자에 갔더니 거주하던 승려가 내쫓으려 하였다. 마침 석전스님
을 알아보는 스님이 나타나 "이 분이 교정스님이시다. 이 분이
불교전문학교장이시다"라고 말하자 온 암자가 환영하였다. 그러
나 스님은 교장으로 있을 때도 교장이라는 상이 없었고 교정으로

있을 때도 교정이라는 상이 없었다고 한다. 이 분의 아호인 '석전石顚'은 '돌이마' 라는 뜻으로 다음과 같은 일화가 있다.

조선 말기의 실학자이며 시서화에 뛰어난 추사秋史 김정희金正喜 (1786~1856)는 백파白坡(1767~1852)스님에게 문안 편지와 함께 석전石顚, 만암曼庵이라는 두 아호를 보내며 스님이 스스로 사용하시던지 아니면 훗날 제자 가운데 쓸 만한 사람이 있으면 이 아호雅號를 주는 것이 어떠하겠느냐는 것이었다.

이 편지를 받은 백파스님은 소중하게 간직하였다가 자신의 원적圓寂이 가까워졌음을 느끼고 제자들을 불러 모아 이것을 내보이며 '이 아호는 내가 쓰기도 마땅하지 않고 너희들에게도 맞지 않는 듯하다. 이제부터 너희들이 이것을 맡아 있다가 백년이 걸리든 천년이 걸리든 적당한 임자가 나타나기를 기다렸다가 그에게 전하여주라' 고 하였다.
제자들은 이것을 받아 소중하게 간직하고 있다가 백파스님으로부터 칠대가 지나 석전石顚스님에게 전하고 남은 하나는 종정을 지낸 백양사 만암曼庵스님에게 전하여 주었다는 것이다.

통
도
사

극
락
전

반
야
용
선

우리 모두 중생을 제도하기 전에 먼저 자성중생을 구제하고
세상을 정화하기 전에 종단부터 정화하고 종단을 정화하기 전에
내 자신부터 정화하여야 할 것이다.

'임자도' 와
'화엄경소초'

불교신문 2811호
2012.4.25

며칠 전에 임자도荏子島에 다녀왔다. 섬의 이름을 임자도라고 한 것은 이 섬에 임자荏子 즉 자연산 들깨가 많이 생산되기 때문이라고 한다. 지금 행정구역으로 말하면 전남 신안군 임자면을 말한다. 이곳에 가려면 지도智島에서 배를 타고 수도水島를 지나가는데 10여 분 걸린다.

내가 수십 년 전부터 이곳을 가보려고 벼르다가 이번에 가게 된 것은 조선 숙종肅宗 7년(1681)에 대장경을 실은 빈 배가 이곳 임자도에 닿았다는 전설같은 이야기를 듣고 감명을 받았기 때문이다.

1681년 대장경을 가득 실은 배가 바람에 밀려 임자도에 도착하였다. 사람이 접근하면 배가 도리어 바다로 들어가고 사람이 없으면 언덕에 닿기를 계속하다가 간신히 정박하였다. 이듬해 백암성총栢庵性聰스님이 불갑사에서 이것을 보니 모두 금옥과도 같은 부처님의 말씀이었다.

그중에서도 가장 눈에 들어온 것이 간절하게 보고 싶어 하던 명나라 평림거사 섭기윤이 《화엄경》과 그것을 해석한 〈소疏〉와 또 다시 상세하게 해석한 〈연의초演義鈔〉를 합쳐놓은 《대방광불화엄경수소연의초大方廣佛華嚴經隨疏演義鈔》였다. 그러나 그것은 산질이었다. 표류를 거듭하던 중에 목동의 손에도 들어가고 어부의 손에도 들어갔다. 성총스님이 9년 간이나 이것을 수집하여 1690년 드디어 이것을 판각하였다. 그러나 '홍洪' 자권은 끝내 구하지 못하였다.

그리고 10년이 지나 호월선사瑚月가 남장南藏 가운데 '홍' 자에 해당하는 〈연의초〉를 구하여 〈소〉와 〈초〉의 합본을 만들어 1700년 사미승 담권曇卷이 범어사에서 판각하여 징광사澄光寺에 보냄으로 말미암아 징광사판 화엄경이 완성되었다.

누군가가 인연 있는 곳에 닿으라고 발원하고 바다에 띄운 대장선이 바람 불고 물결치는대로 이곳 임자도에 밀려왔는데 거기에 실린 〈연의초〉와 〈기신론필삭기〉등은 최근까지 전통강원 교재로서 배워왔던 것이다.

자정 自淨

불교신문 2819호
2012.5.23

요즘 신문 방송을 보면 스님들의 모습이 많이 나오고 ××를 하였다고 서로 폭로하고 헐뜯는 뉴스로 가득하다. 한편 부처님오신날을 앞두고 산문 앞에는 '찬탄하여 하나 되기' 라는 슬로건이 새겨진 플래카드가 바람에 나부끼고 있다. 마치 그건 대의명분으로 해본 소리이고 "내가 살기 위해서는 너는 죽어야한다" 는 식의 막장으로 가는 듯한 느낌이다.

범순인範純仁이 그의 자제들을 경계하여 "사람이 비록 지극히 어리석을지라도 남을 꾸짖는데는 밝고, 비록 총명하더라도 자신을 용서하는데는 어둡다. 너희들은 마땅히 남을 꾸짖는 마음으로 자신을 꾸짖고 자신을 용서하는 마음으로 남을 용서한다면 성현의 지위에 이르지 못할 것을 근심하지 않을 것이다" 라고 말했다.

13세의 어린 사미승인 신회가 육조대사에게 물었다. "스님이 좌선하시면 (불성을) 보셨습니까?"

대사는 주장자로서 세 번 때리고 "내가 너를 때리니 너는 아프냐"고 물었다. 신회는 "아프기도 하고 아프지 않기도 합니다"라고 답했다.

육조대사는 "나 역시 보기도 하고 보지 않기도 하다. 내가 보는 것은 항상 나의 허물을 보고 다른 사람의 옳고 그름과 좋고 미움을 보지 않는다. 그러므로 보기도 하고 보지 않기도 한다"라고 말했다. 이어 대사는 "네가 말한 '아프기도 하고 아프지 않기도 하다' 는 것은 어떠한 것이냐? 네가 만일 아프지 않다면 목석木石과 같을 것이고, 만일 아프다면 범부와 같이 성내고 원한을 품은 것이다. 네가 자성自性을 보지 못하고 감히 사람을 농락하느냐?"고 말했다. 그러자 신회는 예배를 올리고 뉘우치며 사죄謝罪하였다고 한다.

육조대사의 종교를 믿는다는 사람들이 어찌하여 자신의 허물은 되돌아 볼 생각을 않고 남의 허물을 밝혀내는 일에 몰두하는가. 우리 모두 중생을 제도하기 전에 먼저 자성중생을 구제하고 세상을 정화하기 전에 종단부터 정화하고 종단을 정화하기 전에 내 자신부터 정화하여야 할 것이다.

/
'저희나라'

불교신문 2827호
2012.6.27

얼마 전에 어떤 분이 '저희나라' 라는 표현이 못마땅했다고 이야기하는 소리를 들었다. 그 분은 국가라는 것은 어느 한 사람의 나라가 아니고 우리 모두의 나라인데 어찌 개인이 우리나라를 자기 마음대로 비하하여 표현할 수 있느냐는 것이다.

정말 동감하였다. 내가 더 이상하게 생각하는 것은 외국에 나가서 나보다 연장자이거나 상사上司 앞에서는 상대를 높이고 나에 대한 겸양의 뜻으로 그렇게 말할 수도 있다고 본다. (일본 사람들이 그렇게 말하는 것을 많이 들었다. 그리고 그들은 그것을 상대에 대한 예의禮義라고 생각한다.)

그보다 더 황당한 것은 한국 사람이 한국에서 한국 사람끼리 나누는 대화에서 '저희나라' 라고 말하는 것은 내가 아는 한글 문법에도 맞지 않는 말이다. 그렇다면 "너희는 어느 나라 사람이고 나는 어느 나라 사람이냐?" 라고 반문하고 싶다.

'저희'라는 말은 복수의 사람이 상대방에게 말할 때 상대를 높이고 자신을 낮출 때 하는 말이라고 나는 알고 있다. 이 말은 제자들이나 자녀들이 어른을 찾아 뵙고 물러 날 때 "저희들은 물러가겠습니다"라고 말 할때 사용하는 용어이다.

1970년대 말에 어떤 거사님으로부터 "우리가 외국에 가서 우리보다 잘사는 나라로부터 한 가지 기술을 배워오기 위하여 얼마나 정성을 기울여야 하는지 아느냐. 때로는 마음에 없는 말도 해야 하고 아첨도 하고 무릎도 꿇어야 한다. 그 덕택으로 우리가 이 만큼이라도 살게 된 것이다"라고 말하는 것을 들은 적이 있다. 가슴에 쩡하는 것이 있었다. '그렇게까지 해야 했는가' 하는 생각을 하였다. 1980년대 초에 외국인으로부터 "한국 사람은 무엇을 배우기 위해서는 자존심도 체면도 다 버리고 온갖 아양을 다 떨지만 일단 다 배우고 나면 언제 그랬느냐는 태도로 돌변한다"는 말도 들었다.

내 생각에는 '저희나라'라는 말은 이러한 시기에 우리를 지나치게 낮추는 과정에서 생긴 말이 아닌가 한다. 이러한 말은 가급적 사용하지 않았으면 좋겠다.

경봉
큰스님

불교신문 2835호
2012.7.25

지난 7월 16일(음력 5월 27일)에는 경봉 큰스님의 탄신 120주년
및 열반 30주기 다례재가 종정예하를 비롯한 수많은 사부대중이
운집한 가운데 성대하게 거행됐다.

경봉 큰스님은 불경공부에 몰두하다가 '종일토록 다른 사람의
보배를 세어도 나에게는 반 푼어치의 이익도 없다' 는 구절에 이
르러 크게 발심하여 내원사, 해인사, 금강산 마하연 등에서 정진
하시다가 1927년 통도사 극락암에서 화엄산림 중에 설법주가 되
어 법을 설하는 한편 장좌불와 용맹정진하시다가 동짓달 스무날
야반삼경에 촛불이 흔들리는 것을 보고 활연대오豁然大悟하시고
"내가 나를 온갖 것에서 찾다가/ 눈앞에서 바로 주인공을 보았네
/ 하하 웃고 서로 만나 의혹이 없어지니/ 우담발화 꽃 빛이 법계
에 흐르네" 라는 오도송悟道頌을 남겼다.
이후 스님은 한암, 용성, 동산, 효봉, 전강선사 등 당대의 선지식

들과 교류하면서 선풍진작과 교류에 힘쓰셨다. 한때 선학원 이사
장과 통도사 주지를 지내고 1953년 통도사 극락호국선원 조실을
맡아 남녀노소 빈부귀천을 가리지 않고 많은 사람을 제도했다.

경봉 큰스님은 근래에 보기 드문 선지식으로서 선禪과 교敎의 깊
은 뜻을 체득하시고 걸림이 없는 변재辯才로써 어떤 사람이 찾아
와도 그 사람의 근기에 맞는 법어를 내려 모든 중생이 근기 따라
이익을 얻어 돌아가게 하는 신통력이 있었다.
대부분의 선사들은 '전등록' 이니 '선문염송' 에 있는 말을 인용
하여 본인의 착어나 게송을 붙여놓아 도대체 무슨 말인지 알 것
도 같으나 모르는 소리로 설법하는 예가 많아 '본인은 알고 하는
말인가' 라는 의아심을 갖게 하는 경우가 허다하다.

그러나 경봉 큰스님은 구수한 이야기를 풀어놓듯이 쉬운 말로써
법을 설했기 때문에 스님이 법을 설하는 날에는 1000명이 넘는 대
중이 극락으로 모여들었다. 실로 우리 불교사에서 조사선풍을 대
중화한 첫 어른이라고 할 것이다. 큰스님의 법음이 더 새롭게 드
러나 오래 머물기를 빈다.

통
도
사

보
행
로

실로 우리 불교사에서 조사선풍을 대중화한 첫 어른이라고 할 것이다.
경봉 큰스님의 법음이 더 새롭게 드러나 오래 머물기를 빈다.

정사당 靜思堂
부처님

불교신문 2843호
2012.8.29

'정사당'이란 타이완의 화련에 있는 자제공덕회慈濟功德會의 본당을 말한다. 여기에 모셔져 있는 부처님을 우러러보면 다른 법당에서 볼 수 없는 특이한 불상임을 알 수 있다. 아무래도 자제공덕회를 일으킨 증엄證嚴 비구니 스님의 모습인 것 같았다. 누군가가 '증엄스님이냐'고 물으니 안내자는 '부처님'이라고 하였다. 고요히 생각해 보았다.

자제공덕회란 모든 생명을 평등하게 구하려는 무연대자無緣大慈의 마음과 중생과 나를 동일체로 보는 동체대비同體大悲의 정신으로 1966년에 창립한 자비정신으로 재난을 극복하여 중생을 구조하는 자선단체이다.

증엄스님은 일생을 "자력으로 살고 공양을 받지 않는다"는 신조로 처음 5명의 제자와 자신은 어린이의 신발을 만들고 양초를 만

드는 수입으로 생활하면서(지금도 정사의 대중들은 이렇게 자급
자족함), 30명의 신자와 함께 하루에 5원씩 죽통에 모아서 가난
하고 병든 사람을 구제하기 시작했는데, 40년이 지난 지금은
1000만명이 넘는 회원과 200만명에 가까운 자제봉사단이 있는데
51개의 국가와 지구에 자제공덕회의 지부가 있고 74개의 국가와
지구가 자제공덕회의 원조를 받았다.
북한은 심한 식량난을 겪고 있지만 외국의 자선단체가 주민과 만
나는 것을 꺼린다. 그러나 자제공덕회만은 환영한다.

자제공덕회는 '남이 상처받으면 내가 아프고 남이 괴로우면 내
가 슬프다'는 동체대비로 상대의 국적이나 언어, 종족이나 피부
색 종교와 사상을 묻지 않고 고통이 있는 곳이면 어디든 달려가
일체를 평등하게 구제할 뿐이기 때문이다. 북한의 작가들이 고마
움의 표시로 그들이 존경할 수 있는 부처님을 정사당에 모셨다고
하니 이해가 되었다.

불상은 물론 하나님 하느님 등 모든 신앙의 대상들은 인간이 자
신들의 필요에 의하여 만들어낸 것이 아니겠는가? 지구를 어루
만지는 정사당의 불상은 종교를 넘어 동체대비로 중생을 구제하
는 자제활동의 상징이라고 할 수 있을 것 같다.

인디언의
삶

불교신문 2850호
2012.9.22

최근에 한 사람의 미국인이 이슬람교도들이 인류 역사상 가장 위대한 예언자라고 믿고 교조로 떠받드는 분을 모독하는 영화를 만든 것이 화근이 되어 리비아에 주재하던 미국대사를 비롯한 직원이 피살되는 사건이 발생했다.

미국의 오바마 대통령은 리비아 정부와 협력하여 꼭 테러범을 잡아 법의 심판대에 세우겠다고 하고 이슬람교도들은 반미 데모를 이어가고 있다. 언론 출판 집회의 자유가 보장된 미국사회에서는 누구든지 표현의 자유가 있다고 말하겠지만 이슬람의 신도로서는 참을 수 없는 모독이었을 것이다.

이 무렵 우리나라에서는 성 아무개라는 순복음교회 소속 목사가 불교인들이 신앙의 대상으로 모시는 탱화에 낙서를 하고 청수물을 올리는 다기에 오줌을 싸는 만행을 저질렀다. 이러한 행위는 모든 불자에 대한 참을 수 없는 모독을 준 범죄 행위인 것이다.

뿐만 아니라 자기가 믿는 종교에 대한 올바른 믿음이 없이 하나님의 이름을 팔아 자신의 안일을 위하거나 종교를 이용하여 자기의 세력을 넓히려는 세속적인 생각에서 나온 가장 저질적인 행위라고 할 수 있을 것이다.

미국의 인디언 원주민촌을 방문한 한 스님의 말이 기억난다. "인디언은 무엇을 수행하는가?" 하고 물었더니 인디언은 "새들과 나무와 흙 모든 존재하는 것들과 마음을 통하는 이야기를 나누며 사는 것이 수행이다" 라고 대답하였다고 했다.

거기에는 너와 나의 구별이 없고 네 종교 내 종교의 차별도 없으며 자연과 인간이 하나가 되어 헛된 조작이 섞이지 않는 무위자연의 세계가 아니겠는가? 그래서 그들은 옛날 백인들이 이 대륙에 왔을 때 진심으로 환영하였던 것이다.

이것이 장자莊子가 말하는 '천지가 나와 하나의 뿌리고 만물이 나와 하나의 몸' 이라는 뜻이기도 하고 〈화엄경〉에서 말하는 일진법계一眞法界의 모습이기도 할 것이다.

제祭와
재齋

불교신문 2859호
2012.10.27

10월은 우리나라의 건국일인 개천절을 비롯하여 전국 각지에서 많은 축제祝祭가 열리는 계절이다. 때를 맞추어 우리 불교계 대부분의 사찰에서 그 절의 창건주에게 제사를 올리고 개산開山을 축하하는 개산대재開山大齋를 봉행하고 있다.

여기에서 주목되는 것은 똑같은 행사인데 세속에서는 '제사 지내다' 혹은 '사람과 신神이 서로 접하다'의 뜻을 가진 '제祭'를 쓰는데, 절에서는 '재계하다' 혹은 '공손하고 삼가다'의 뜻을 지닌 재齋를 쓴다는 것이다.

물론 세속에서도 부모님이나 선조에게 제사를 올릴 때나 명절 축제를 할 때는 부정不淨한 일을 멀리 하고 몸과 마음을 깨끗이 하는 것도 같다.

맹자는 "비록 악한 사람이라도 재계하고 목욕하면 상제上帝에게 제사 올릴 수 있다"고 말하고 있으며 세속에서도 10일 재계, 5일

재계도 있고 음식을 삼가는 것을 '재齋'라하고 깨끗하지 못한 행동을 금하는 것을 계戒라고 한다.

신에게 제사 올리기 전에 반드시 3일 간의 재계를 행하여 정성과 공경을 보이라는 해석도 있다. 이렇게 신이나 불법승에게 정성을 보이는 것은 세속과 승가가 다를 것이 없다.
다만 '제祭'라는 글자는 고기를 가지고 받들어 신을 제사지낸다는 뜻이 있으니 다른 생명을 희생하여 나의 정성을 표하려 하거나 복을 받고자 하는 것은 불교의 불살생不殺生 정신에 크게 위배되는 것이다.

절에서 공양물을 올리는 법회에서 노비나 소, 말 같은 동물이나 병장기와 같은 것을 공양 올려서는 안 되고 스님이 이것을 받아서도 안 되는 것이다.

그래서 의상대사는 나라에서 노비를 내리자 왕에게 "우리 법은 평등하여 높고 낮음이 없어 똑같이 나누며 똑같은 법규를 지켜야 하는데 어찌 종을 부리겠습니까?"라고 말하며 거절하였다. 그러므로 세속에서 행하는 축제와 절에서 행하는 재연齋筵은 현저하게 다른 것이다.

총림 지정을
환영하며

불교신문 2866호
2012.11.21

11월 7일 제192회 정기종회에서 '동화사, 쌍계사, 범어사 총림지정의 건'을 만장일치로 통과시켰다고 한다. 현행법에서는 선원, 율원, 강원, 염불원 등 종합 수도장을 갖춘 곳을 총림으로 지정하기로 되어 있다.

그래서 총무원에서는 향후 2년 이내에 총림에 필요한 모든 시설을 갖춘다는 조건으로 위의 삼 본사를 중앙종회에 제청하였다.

이로써 기존의 통도사, 해인사, 송광사, 수덕사 백양사 총림과 합하여 '8대 총림시대'가 열렸다. 이 기회에 총림이란 어원을 찾아보았다.

'총叢'이란 풀이나 나무 등이 무더기로 모여 있는 떨기를 말하고 '림林'이란 수풀이란 뜻이니 수도하는 스님들이 많이 모여 사는 곳을 총림叢林이라고 말한다.

《신화엄경》'정행품'에는 '만약 총림을 보면 중생이 '모든 하늘과 사람이 경례敬禮해야 할 바'라고 발원해야 한다'라고 하고 《대지도론》의 '대지도공마하비구승석론제육'에는 '승가僧伽란 중국말로는 중衆이니 많은 비구가 한 곳에서 화합하는 것을 승가라고 한다. 비유하자면 큰 나무가 무더기로 모여 있는 것을 숲이라 하는 것과 같다.

하나하나의 나무를 숲이라고 말할 수 없지만 하나하나의 나무를 제거하고 숲은 없다. 이와 같이 하나하나의 비구를 승가라 할 수 없지만 하나하나의 비구를 제거하고 승가는 없다.

모든 비구가 화합함으로 승가라는 이름이 생긴다'라고 하고, 〈선림보훈음의禪林寶訓音義〉에는 '총림은 곧 대중 스님이 머무는 곳이고 수행인이 마음을 깃들여 수도하는 장소이다. 풀이 문란하지 않고 생장하는 것을 총叢이라 하고 나무가 문란하지 않고 생장하는 것을 림林이라고 하니 그 안에 규구법도規矩法度가 있는 것을 총림이라 한다'고 했다.

총림대중은 이러한 점을 잘 살펴 총림을 하지 않는 다른 절보다 더 잘 화합하여 수도에 전념해야 할 것이다.

조계종

불교신문 2874호
2012.12.19

'종宗' 이란 말은 마루, 일의 근원, 근본, 높임, 숭상함의 뜻을 가진 글자로써 화엄종이라고 하면 화엄을 최고의 가르침으로 이해하고, 화엄의 조사를 모시고 《화엄경》을 소의경전으로 하여 그 법통을 이은 제자들이 같이 모여 사는 것을 의미한다.
중국의 13종이 그러하고 현재의 일본불교가 그러하며 우리나라도 신라 고려시대에는 그러한 종파가 있었다.

그러나 지금의 대한불교 조계종은 이러한 범주에서 벗어난다. 여러 이설異說이 있어서 단정적으로 말할 수 없지만 간단히 말하면, 통일신라시대에 중국에 가서 선법을 전수받고 돌아와 우리나라에 선문을 연 조사 스님들은 모두 중국 조계산에서 선법을 크게 드날린 육조혜능대사의 법손이라는 공통점이 있어 구산선문을 통틀어 '조계종' 이라고 불렀다.

특히 의천이 정식으로 천태종을 세움으로부터 그러한 경향이 뚜렷하였다. 여기까지는 본래의 종파적인 의미가 있다. 그러나 조선시대에 이르러서는 세종 원년(1419)에 선교 양종으로 되었다가 조선의 후기에는 선종이 드러나고 교종이 침체하여 조계종으로 통일되었다. 이것은 종파적인 의미를 벗어나 조선불교 전체를 일컫는 말이 되었음을 의미한다.

최근 조계종이란 이름이 한국불교 전체를 대표하는 이름으로 적절하지 않다는 주장이 있는가 하면 종명을 재조명하려는 움직임이 있지만, 우리의 선배들이 통불교적인 생각으로 '선은 부처님의 마음이고 교는 부처님의 말씀이며 계율은 부처님의 행'이라는 원융적인 종교관에서 천년을 두고 숙고하여 정한 초종단적인 이름을 가볍게 보아서는 안된다고 본다.

불교에는 많은 가르침이 있고 많은 종파가 있지만 선정禪定을 중시하지 않는 종파는 하나도 없다. 다만 선정을 닦는 방법은 다양함으로 현재 종헌에는 소의경전 외에도 염불 지주持呪 등 많은 수행을 제한하지 않는다고 하였으니 이 종헌을 두고도 대승, 소승 모든 연구를 할 수 있고 갖가지 방법으로 수행할 수도 있다.

경칩을 맞이하며

불교신문 2890호
2013.2.23

다가오는 3월 5일은 24절기 중의 하나인 경칩이다. 이 날은 새 봄을 맞이하여 우레가 처음으로 진동하면 땅속에 들어가서 겨울잠을 자던 벌레들이 다투어 움직이기 시작한다는 뜻에서 경칩驚蟄이라고 이름하였다. 이 경칩을 맞이하면서 점점 게을러지는 내 몸과 마음을 일깨워주는 좋은 스승들을 자주 만나기를 발원하여 본다.

올해는 뱀의 해라고 한다. 뱀도 겨울잠을 자고 나오는 동물 중의 하나이다. 그리고 그 상징성은 매우 크다. 30여 년 전에 일본서 유학할 때 설날(일본은 양력설을 지내지만 명치유신 이전에는 우리와 같이 음력설을 지냈음)을 맞이하여 새해 인사를 가면 집집마다 대문 앞에 장엄물이 있었다. 그것은 짚으로 만든 용틀임과 대나무와 소나무 등이었다. (나의 희미한 기억으로는 어릴 적에 우리나라에서도 어디선가 이러한 풍습을 본 듯하다.) 왜 하필이면 그러한 것들로 장엄하는지 물어 보았다. 그것들은 모두 뱀을 상징하는 것이라고 하였다. 용틀임은 뱀이 기어가는 모습이고 소나무 껍질은 뱀의 비늘을 상징하는 것이고 대나무는 더 깊은 의미가 있다고 한다.

두꺼비는 죽을 때가 되면 구렁이를 찾아가 계속 신경을 거슬리게 하여 참지 못하게 한다. 구렁이는 두꺼비를 해치면 자신도 죽는다는 것을 알기 때문에 참으려고 노력하지만 결국 끝까지 참지 못하고 두꺼비를 삼켜버린다고 한다. 구렁이는 두꺼비의 독으로 결국 죽게 되는데 몸이 여러 토막으로 잘리며 그 마디마다 두꺼비 새끼들이 태어난다는 것이다.

다시 말하면 설날에 장엄하는 모든 장엄물은 뱀이 허물을 벗고 새 몸을 얻듯이 지난해의 모든 재앙을 물리치고 새로운 행복을 맞이하게 하여 달라는 축원과 함께 자신의 목숨을 버리더라도 다산多産을 기원하는 의미가 그 속에 들어 있다는 것이다. 뱀의 또 하나의 특징은 앞만 보고 가고 뒤를 돌아보지 않는다고 한다. 우리들에게 끊어지지 않는 정진을 가르치고 있는 셈이다.

객경客卿

불교신문 2900호
2013.3.30

새 정부의 장관후보로 올랐다가 이중국적 문제 등으로 자진 사퇴
하고 미국으로 돌아간 김종훈 씨를 보다가 문득 진시황秦始皇의
천하통일 과정을 생각하여 보았다. 그가 진왕秦王에 즉위한 10년
째 되던 해(기원전 237) 전국戰國 칠웅이 다투고 있던 와중에 종
실의 대신들이 간하여 말하기를 "제후국의 사람으로서 진에 와
서 벼슬하는 사람들은 모두 그 본국의 주인을 위하여 일할 뿐입
니다. 그들을 모두 내쫓아야 합니다"라고 간청하였다.

이에 외국인으로서 벼슬하는 사람들을 모두 내쫓으려 하였다. 이
때 객경으로 있던 초나라 사람인 이사李斯도 쫓겨 갈 신세가 되었
다. 그는 떠나기에 앞서 글을 올려 말하기를 "옛날에 목공穆公은
선비를 구하여 융戎에서 유여由余를 데려오고 동쪽의 완宛에서 백
리해百里奚를 데려오며 건숙蹇叔을 송宋에서 맞이하고 비표丕豹와
공손지公孫支를 진晉에서 얻어 이들의 지혜로 20여 국을 병합하여

객경客卿

206

드디어 서융西戎의 패자霸者가 되었고, 효공孝公은 상앙商鞅의 법을 채용하여 지금까지 강한 진秦을 만들었으며, 혜왕惠王은 장의張儀의 계략을 채용하여 여섯 나라의 합종을 해산시켜 그들로 하여금 진을 섬기게 하였고, 소왕昭王은 범수范雎를 채용하여 공실公室을 강하게 하고 사문私門을 막았으니 네 분의 임금이 큰 공을 세운 것은 모두 객경의 공로입니다"라고 하였다.

이어 "이렇게 본다면 객경이 어찌 진의 신하만 못하겠습니까. 신이 듣자오니 태산이 흙덩이를 사양하지 않음으로 클 수 있고, 바다가 작은 흐름을 가려내지 않음으로 깊을 수 있고, 왕이 서민을 물리치지 않음으로 그 덕을 밝힌다"라고 하였다.

왕은 이사의 관직을 회복하고 객경을 내쫓으려 하던 명령을 없애고 마침내 이사의 지모智謀를 채용하여 천하통일을 이루고 시황제가 되었다. 우리도 이중국적을 허용하여 인재를 널리 포용할 필요가 있지 않을까하는 생각이 든다.

개
산
조
당

———

장자莊子가 말하는 '천지가 나와 하나의 뿌리고
만물이 나와 하나의 몸' 이라는 뜻이기도 하고 〈화엄경〉에서 말하는
일진법계一眞法界의 모습이기도 할 것이다.

/

업業대로
보인다

불교신문 2808호
2013.4.27

얼마 전 근래의 석학으로서 제1세 교정을 지내신 석전영호 대종
사의 입적지인 내장사와 산내 암자인 벽련암을 다녀왔다. 이곳
암주 스님이 비경을 보여 준다고 하면서 누각으로 데리고 가서
목을 밑으로 내리고 하늘을 보라고 하였다. 하늘이 마치 바다와
같이 보였다. 이것을 시상詩想이 뛰어난 암주 스님은 '하늘바다'
라고 하였다.

그리고 누워서 보는 산은 앉거나 서서 보는 산보다 훨씬 더 신비
로워 보였다. 이 봉우리들을 스님들은 부처님처럼 보인다고 불출
봉佛出峰이라고 부르고, 선승들은 달마대사처럼 보인다고 서래봉
西來峰이라고 부르고, 농부들은 논밭을 고르는 농기구의 하나인
서리 같이 생겼다고 하여 서리봉이라고 부른다고 한다. 정말 중
생들은 자기가 짓는 업대로 만물이 보인다는 말이 실감이 갔다.
《법화경》'약초유품' 에는 하늘에서 똑같이 비를 평등하게 내리지

만 크고 작은 나무와 풀들이 자기의 그릇에 따라 흡수할 수 있는 것과 같이 부처님도 한 가지 진실한 법을 설하시지만 중생들이 자기 근기에 따라서 어떤 중생들은 다만 세간적인 즐거움만 얻는 중생도 있고 열반의 즐거움을 얻으려는 자도 있지만 자기의 그릇을 만들어 성문도 되고 연각도 되고 보살도 된다고 하였으며, 《화엄경》 십지품에서는 똑같은 십선계 법문을 듣고도 어떤 중생은 사람으로 태어나기도 하고 어떤 중생은 욕계의 각종 하늘이나 색계의 각종 하늘나라에 태어나며 혹은 십선계를 지혜로서 수습修習하여 성문이나 연각 혹은 보살이 되는 사람도 있고 혹은 일체의 종자가 청정하여 일체불법을 모두 성취하기도 한다는 것이다.

이렇게 본다면 똑같은 법문을 듣더라도 어떻게 받아들이느냐에 따라서 그 결과는 전혀 다를 것이고 일상의 언어도 어떻게 받아들이느냐에 따라서 성패는 전혀 다르게 나타나는 것임을 알 수 있다. 그렇다면 말을 잘 듣는 것이 얼마나 중요한지 생각해 보아야 할 것이다.

단오端午를
맞으며

불교신문 2919호
2013.6.12

6월 13일은 음력 5월5일로 단오절端午節이다. 다른 말로는 천중절天中節, 중오절〔重五節=重午節〕, 단양端陽이라고도 하는데 이날은 양기陽氣가 가장 왕성한 날이라는 뜻으로 붙여진 이름이다. 유래는 전국시대에 초나라의 굴원屈原이 간신배의 모함을 받아 쫓겨나자 어부사漁父詞를 지어 자신의 억울함을 밝히고 이날 멱라수에 빠져 죽었다. 그 영혼을 달래기 위하여 사람들은 이날이 되면 대나무 통에다 쌀을 담아 물에 던져 그의 영혼을 위로했다.

이 풍속이 우리나라에도 전하여져 이 날 밥을 여울에 던져 제사 지내는 풍습이 있으므로 '수릿날'이라고 부르게 되었다고 한다. 언제부터인지 확실치는 않으나 이 날을 기하여 삿된 것을 물리치는 행사로 발달하였는데 조선시대 관상감에서는 천중부적을 만들어 대궐 안이나 문설주에 붙였는데 이 부적이 불길한 재액을 막아준다고 믿어 사대부의 집에서도 붙였다. 복록을 얻고 병을

물리치는 주문을 쓰거나 처용상이나 도부桃符를 제작할 때 붉은
색의 주사朱砂를 그려 넣기도 했다.

사찰에서도 해인사 선원 대중스님들이 남산에 소금을 묻는데 화
기를 누른다는 뜻이다. 통도사에서는 이날 구룡지에 단을 차려놓
고 그 위에 수많은 소금 단지를 진열하고 용왕제를 지낸 다음에
각 전각의 주두 위에 놓여 있던 이전의 소금단지를 내리고 새것
으로 올리는 의식을 한다. 그 의미를 말해주는 한 게송이 통도사
에서 가장 오래된 건물인 대광명전의 좌우 안쪽 벽에 적혀 있다.
"우리 집에 한 분의 손님이 계시니 바로 바다 속에 사는 사람이
다. 입에는 하늘에 넘치는 물을 머금어 불의 정신을 소멸할 수 있
네. 〔吾家有一客 定是海中人 口呑天漲水 能滅火精神〕"이라고.
후손에게 빌려 쓰고 있는 우리 문화재를 영원히 보전하고 싶은
충정의 발로이다. 이젠 하루속히 방화시설을 갖출 차례다.

서쪽 오랑캐의
구슬사랑

불교신문 2937호
2013.8.17

최근 재벌회장이 경영상의 문제로 법의 심판대에 올랐다는 소식을 들었다. 마침 읽고 있던 〈정관정요〉가 다시 보였다.

태종이 신하들에게 말했다. "내가 들으니 서쪽 오랑캐들은 구슬을 사랑하여 만약 좋은 구슬을 얻으면 몸을 쪼개어 감춘다고 하오." 모시고 있던 신하들이 모두 "재물을 탐하여 몸을 해치니 실로 가소로운 일입니다."고 답했다.

다시 태종이 말했다. "오랑캐만 비웃지 마오. 지금 벼슬하는 사람이 재물만 탐내고 생명을 돌아보지 아니하여 결국 법의 심판을 받고, 자신이 죽은 뒤에도 그 자손들이 도적의 자손이라는 치욕을 당하게 하니 오랑캐의 구슬 사랑과 무엇이 다르겠소. 제왕도 마찬가지요. 마음대로 방일하고 쾌락을 좋아하여 절도가 없이 정무를 팽개치고 날이 새도록 환락에 빠져 깨어날 줄 모른다면 어찌 나라를 망치지 않겠소. 수양제는 사치에 빠져 스스로 잘난 체하다가 하잘 것 없는 필부의 손에 죽었으니 가소롭지 않소."

위징魏徵이 대답했다. "노魯의 애공哀公이 공자에게 말하기를 '잘 잊어버리는 사람이 있었는데 이사를 하면서 그 처자를 잊었답니다. 공자가 말하기를 '그보다 더 심한 사람도 있습니다. 제가 보건데 걸주桀紂는 군왕이면서도 그 신분까지도 잊어버렸습니다."

태종이 말했다. "짐과 그대들이 이미 사람을 비웃을 줄 알았으니 서로 도와 사람들로부터 비웃음을 받지 않도록 하세."

태종으로부터 서쪽 오랑캐의 구슬 사랑 이야기〔西胡愛珠〕를 듣고 좌중은 숙연하고 자신들은 그러한 과오를 짓지 않도록 마음에 새겼을 것이다. 그 때 위징은 좀 엉뚱한 얘기를 하였지만 위징의 이 말을 우리들은 명심하여야 할 것이다.

보통사람들은 남의 좋은 일을 보면 나도 따라서 해야겠다는 생각을 하고 남의 나쁜 일을 보면 나는 저런 짓은 하지 않겠다는 다짐을 하지만 얼마 지나지 않아 그러한 다짐은 다 잊어버리고 구슬을 보면 물욕을 일으켜 비슷한 행동을 나도 짓게 된다. 그래서 부처님께서는 작고 적은 것에 만족한 줄 알고 허욕을 버리라고 하신 것이다.

투금탄投金灘

불교신문 2947호
2013.9.21

필라델피아에 거주하는 어떤 신도님의 집안 이야기를 들었다.

4남매가 같은 도시에 살고 있는데 일요일은 모두 모여서 우정을 나누고 셋째 주 일요일은 함께 어머님 묘소에 찾아가 꽃을 올리고 온다고 하였다. 얼마 전 막내가 부도가 날뻔 했을 때는 모두 힘을 합하여 위기를 면했다고 한다. 이러한 모습을 본 아이들도 자발적으로 저희들끼리 토요일마다 모여 우정을 나누고 셋째 토요일은 할머니 묘소를 찾아 꽃을 올리고 절을 올린다고 하였다. 풍요롭게 살지는 못할망정 자녀들이 오손도손 사이좋게 지내는 것을 보면 그 어머니의 영혼은 편안하고 즐거울 것이다.

고려말의 학자인 이조년李兆年이 소년 시절에 형인 억년과 함께 서울 근교의 한가한 강변을 걷다가 금덩어리를 주워 형제가 하나씩 나누어 가졌다. 기쁨에 넘쳐 발걸음을 재촉하여 양천나루에 이르렀다. 나룻배를 타고 강을 건너다가 이조년이 벌떡 일어나 금덩어리를 물속에 던져버렸다. 형이 깜짝 놀라 무슨 짓이냐고 꾸짖었다.

이조년이 말했다. "형님, 금덩어리를 버리고나니 마음이 편합니다. 금덩어리를 주어 형님과 나누어 갖고 난 후 온갖 생각을 다 했습니다. 나중에는 형님이 원망스럽고 심지어 형님을 해치고 빼앗고 싶은 충동까지 생겼습니다. 우리 형제가 우애 좋기로 소문이 났는데 금덩어리로 인하여 원수가 되겠구나! '황금은 요물'이라는 옛사람의 말씀이 옳구나! 생각이 여기에 이르러 요물을 버렸습니다."

이 말을 들은 형은 "자네 말이 옳네. 나도 같은 생각을 하였다네"라고 말하며 자기가 갖고 있던 금덩어리도 강물에 던졌습니다. 사람들은 금덩어리를 던진 여울이라는 뜻으로 그곳은 '투금탄投金灘'이라고 불렀다.

멀리서 들려오는 종단의 소식은 심상치 않은 것 같다. 나라 소식도 그러하다. 지금 쌓인 난제들을 풀기 위해서는 책임 있는 위치에 있는 사람들이 종단의 화합과 국민적 신뢰를 회복하기 위하여 자신이 금덩어리라고 생각하는 물질과 명예와 권세를 도도히 흐르는 강물 속에 던져버림으로써 풀릴 것 같다. 참고로 한강에 금덩어리를 던진 이조년은 성산군에 봉해져 금일에 이르도록 꽃다운 이름을 빛내고 있으며 그 형제들도 국가를 위하여 큰 역할을 했다.

다시
새 출발을

불교신문 2956호
2013.10.26

미국 시카고의 한 신도님을 방문하였더니 한 장의 신문을 내어 놓으며 읽어보라고 하였다. 몇 달 전의 신문이었다. 내용은 박 전 대통령이 처음으로 독일을 방문하였을 때 정상회담을 통역한 분의 회고담이었다. 당시 우리나라의 국민 1인당 평균 소득은 70달러 정도였고 실업자는 넘쳐났다. 우리도 공장을 짓고 무언가 일자리를 만들어야 했다. 그러자면 자금이 필요한데 세계 어느 곳에서도 돈을 빌려주지 않았다. 마지막으로 찾은 독일에서는 대통령의 진지한 요청에 돈을 빌려주겠다고 하였지만 이번에는 보증을 서 줄 은행이 없었다.

그때 당시 독일의 재무장관이 우리 대표단에게 힌트를 주었다. 독일에 있는 광산의 지하 1000m에서 광물을 채취하여야 하는데 지열地熱 때문에 세계 어떤 노동자도 그곳에서 일하는 것은 싫어하여 지금 고민하고 있는데 만약 한국 노동자가 그 일을 해주면

은행보증이 없어도 돈을 빌려 줄 수 있다고 하였다. 우리 대표단이 귀국하여 독일에 갈 광부를 모집하였는데 모집 인원의 열 배가 넘는 사람이 응모하였다. 심지어 고졸 정도의 학력을 가진 사람을 모집한다고 하였는데 대졸자가 학력을 속이고 응모했다는 것이다. 이 분들이 독일에 가서 세계의 모든 사람들이 3D 업종이라고 기피하던 것을 묵묵히 일하고 또 한국의 간호사들이 정성껏 환자를 살펴 세계인의 신뢰를 얻고 지금은 세계 10대 무역국으로 발돋움하는 종잣돈이 되었던 것이다.

그런데 오늘의 한국은 어떠한가. 눈높이만 높아져 실업자는 늘어나고 노숙자가 넘쳐난다. 그러나 다른 한편으로 한국으로 일자리를 찾는 사람이 100만 명을 넘는다고 한다. 우리는 다시 한 번 자립하기 위하여 세상에 어떤 사람도 하지 않던 험한 일을 자처하였던 선배들의 정신을 이어 받아 쓸데없는 자존심을 버리고 지금 내가 할 수 있는 일을 하여야 할 때라고 외국에 사는 교민들은 말하고 있다. 경청하여야 할 말이라고 생각하였다.

대장경과
통도사

불교신문 2965호
2013.11.27

지난 11월 2일 통도사 서운암에서는 종정 예하를 모시고 도자대
장경 조성이 완료되어 대장경각에 모셔진 것을 기념하여 성대한
회향법회를 가졌다. 이것은 해인사의 대장경판 8만여 장을 그대
로 복사하여 도자로 구워낸 것이기 때문에 16만 판이 넘는 대작
불사를 성파대종사의 원력과 노력 그리고 통도사 대중의 관심과
협력, 지방자치단체와 불자들의 후원으로 23년간의 노력 끝에 결
실을 볼 수 있었다.

도자로 대장경판을 구워 내겠다는 발상은 성파스님이 아니면 생
각할 수 없는 일이고 이후에도 그러한 무모한 생각을 하는 사람
은 없을 것이다. 그러나 통도사에서는 이러한 일이 이전에도 있
었다.

석왕사에서 오랫동안 후학들을 지도하던 용악혜견(龍岳慧堅
1830~1908)스님이 객스님과의 대화를 통하여 전생인연을 깨치고,

고종이 대한제국 수립을 선포하고 연호를 광무光武라고 칭한 1897년 통도사에 머물며 대장경 출판을 발원하고 금강계단에서 기도를 드리다가 금와金蛙보살을 친견하고, 더욱 신심을 내어 원만히 기도를 마치고 해인사에 가서 기도를 시작한지 70일 만에 양兩 복행신腹行神을 친견하고, 자신의 소원을 말하여 대장경 4부四部를 발행하여 해인사 송광사 통도사와 왕실 도서관인 규장각에 한 부씩 모셨다. 이중에 규장각으로 간 것은 산질이 되었고, 송광사로 간 것은 한국전쟁 때에 불타버렸고 해인사와 통도사가 봉안한 것만 현재 잘 보존되고 있다. 이번에 조성된 도자대장경도 용악스님의 발원이 있었기 때문에 가능하였을 것이다. 그래서 혹자는 성파스님을 용악스님의 후신이라고 말하기도 한다.

통도사 창건주 자장대국통은 당나라에서 귀국할 적에 당태종이 궁중으로 초청하여 매우 성대한 송별연을 열고 금란가사와 좋은 비단 500필 동궁이 200필 등 많은 선물을 주었으나 스님은 대장경 한부와 묘상妙像 번幡 화개花蓋 등 중생에게 복전이 될 것을 갖고 귀국하여 대장경을 통도사에 모셨으니 이것이 우리나라에 대장경 전래의 처음이다.

/

정심계관법淨心誡觀法

불교신문 2974호
2013.12.28

〈정심계관법〉은 중국 당나라 때 사학자史學者이자 〈사분율四分律〉을 소의경전으로 하는 남산종의 종주인 도선(道宣 596~667)율사가 지은 계법이다. 저술의 동기는 도선이 수주隋州의 홍당가람에서 하안거를 보낼 때 태산泰山의 영암사에서 수행하고 있는 제자인 자인慈忍에게 보내어 사람의 마음을 오염시키는 근본인 재물과 여색을 조심하라고 하면서 오정심관五停心觀과 칠방편七方便 등 여러 경전의 가르침을 망라하여 자리행과 이타행을 30단락에 걸쳐서 고구정영하게 가르치고 있는데 이 30단락에 일관하는 것이 마음을 깨끗하게 가지는 정심淨心이다.

도선이 말하는 정심이란 것은 현행하는 모든 번뇌의 허물을 교관敎觀과 수행으로 대치하여 곧바로 능력에 따라 해탈케 하는 것이니, 번뇌가 점점 멸하면 마음은 밝고 맑아져서 선정과 지혜가 발생하여 대승의 청정한 신심을 일으키고 깨달음에 나아가게 된다는 것이다. 이러한 계법으로 관찰하여 불도를 성취할 수 있다는 것이다.

이 글에서 주목되는 것은 "자인에게 말한다. 부모와 자식은 일곱 생의 인연이지만 스승과 제자의 인연은 누겁累劫이어서 의리가 깊고 은혜가 소중하다는 것을 어리석은 사람은 모른다. 너는 처음 불도에 들어와서 바로 다시 스승과 헤어졌다. 밤낮으로 너를 생각하는데 너는 나를 생각하느냐? 의지할만한 좋은 사람을 얻었다면 밤낮으로 도리에 맞게 모셔라. 만약 좋은 스승을 만나지 못했다면 마음을 어디에 의지하겠느냐. 네가 이미 출가하여 부처님의 계를 받았으니 잠깐이라도 그 뜻을 잃어버리면 장겁長劫에 고통을 받으리라.

지금 말법시대에 중생의 마음이 엷어서 은혜를 배반하여 의리를 끊고 쉽게 스승을 싫어하여 홀로 지내며 노는 것을 좋아하여 욕정을 따라 마음대로 하니 여법하지 못하여 악도에 떨어질까 두렵다." 즉 부모는 나의 몸을 낳아 주었으니 그 은혜가 엷고 스승은 법신을 낳아주었으니 그 은혜가 깊다는 것이다.
오늘의 승가는 법을 소중하게 생각하는 마음이 부족한 듯하다.

통도사 자장암

부모는 나의 몸을 낳아 주었으니
그 은혜가 엷고 스승은 법신을 낳아주었으니
그 은혜가 깊다는 것이다.

― 중산혜남

中山慧南

창녕 관룡사로 입산하여 부산 대각사에서 고불스님을 은사로, 월하스님을 계사로 사미계를 수지하고, 부산 범어사에서 석암스님을 계사로 비구계를 수지하였다. 범어사 강원을 졸업했으며 묘관음사, 극락암 호국선원 등에서 5하안거를 성만하였다. 해남 대흥사 강원에서 운기스님으로부터 전강을 받았으며, 일본 도쿄의 다이쇼大正대학을 졸업하고 동대학원 박사과정을 수료하였다.

동국대 강사, 해인사 · 법주사 · 통도사 승가대학 학장, 은해사 승가대학원장, 중앙승가대학 역경학과 교수를 역임했다. 저서로 『꽃 향기도 훔치지 말라』가 있고 역해 『보현행원품강설』과 『유행경』이 있으며 번역서로 『화엄경탐현기』와 『유행경』이 있다.

현재 중앙승가대학교 명예교수, 영축총림 전계사, 통도사 영축율원 율주를 맡고 있으며, 지계 정신의 부흥과 후학 양성을 위해 정진하고 있다.